Vorwort

Das Handbuch des gesamten Grunderwerbsteuerrechts (zugleich 4. Auflage des Erläuterungsbuchs zum Grunderwerbsteuergesetz) ist im Oktober 1936 erschienen. Das Handbuch ist folgendermaßen gegliedert. Der Einführung dient eine allgemeine Einleitung; in ihr sind erörtert die Stellung der Grunderwerbsteuer im Steuersystem insbesondere des neuen Reichs, die Entwicklungsgeschichte des Grunderwerbsteuergesetzes und die Bedeutung des die nationalsozialistische Weltanschauung zur obersten Rechtsquelle erklärenden § 1 StAnpG.

Die eigentlichen Erläuterungen zerfallen in 4 Hauptabschnitte. Im 1. Hauptabschnitt ist das Grunderwerbsteuergesetz erläutert samt den dazu ergangenen Durchführungsbestimmungen; besonders berücksichtigt ist dabei das Bewertungsrecht, das infolge der Verknüpfung der Grunderwerbsteuer mit den nach dem RBewG. festgestellten Einheitswerten auch für Grunderwerbsteuer maßgebend ist.

Im 2. Hauptabschnitt sind die Vorschriften des Gesetzes über den Finanzausgleich zwischen Reich, Ländern und Gemeinden erörtert, soweit sie mit der Grunderwerbsteuer zusammenhängen.

Der 3. Hauptabschnitt bringt die handelsrechtlichen und steuerlichen Erleichterungen bei der Umwandlung und Auflösung von Kapitalgesellschaften auf Grund der Gesetze vom 5. Juli 1934 und der dazu ergangenen Durchführungsverordnungen.

Der 4. Hauptabschnitt enthält eine systematische Darstellung des Reichserbhofrechts und erläutert auf dieser Grundlage die erbhofrechtlichen Steuerbefreiungen.

Der Ergänzungsband folgt der Gliederung des Handbuchs und bringt all das wissenswerte Neue, das sich seit dem Erscheinen des Handbuchs in Gesetzgebung, Rechtsprechung, Verwaltungsübung und Schrifttum ergeben hat. Die Einleitung ist ergänzt insbesondere durch ein eindrucksvolles Beispiel für die Anwendung des allgemeinen Beurteilungsgrundsatzes des § 1 Abs. 3 StAnpG. aus der neuesten Rechtsprechung. Die Hauptabschnitte 1 und 3 sind in Einklang gebracht mit den Vorschriften des neuen Aktiengesetzes. Weiter ist im 3. Hauptabschnitt die Weiterentwicklung der Umwandlungsgesetzgebung berücksichtigt, die u. a. die Geltungsdauer der handelsrechtlichen Erleichterungen bis zum 31. März 1941 und die Geltungsdauer der steuerlichen Vergünstigungen bis zum 1. Januar 1938 verlängert hat und zwar in entsprechender Änderung des maßgebenden Stichtags.

Zur Ergänzung des 1. Hauptabschnitts sind vor allem die neuen Gesetze verarbeitet, die eine zeitgemäße Neugestaltung unseres Bodenrechts bezwecken. Zu erwähnen sind u. a. die Grundstücksverkehrsbekanntmachung vom 26. 1. 1937, die VO. über die Veräußerung von Entschuldungsbetrieben vom 6. 1. 1937, die Neuordnung der Wasser- und Bodenwirtschaft durch das Gesetz vom 10. 2. 1937 und die WasserverbandsVO. vom 3. 9. 1937, die gesetzlichen Vorschriften zur Sicherung der deutschen Ostgrenze vom 9. 3. und 17. 8. 1937, Neuerungen auf dem Gebiet des Siedlungsrechts, z. B. die DurchfVO. vom 10. 3. 1937 und vom 27. 1. 1938 über die beschleunigte Förderung des Baus von Heuerlingswohnungen, die neuen Bestimmungen über die Förderung von Kleingärten vom 22. 3. 1938, ferner die ReichsumlegungsVO. vom 16. 6. 1937 und die 1. DurchfVO. dazu vom 27. 4. 1938, das Gesetz über die Neugestaltung deutscher Städte vom 4. 10. 1937.

Im 4. Hauptabschnitt sind insbesondere die Neuerungen verarbeitet, die Erbhofrechtsverordnung und Erbhofverfahrensordnung vom 21. 12. 1936 gebracht haben. Zunächst ist die systematische Darstellung des Erbhofrechts unter Berücksichtigung der Rechtsprechung des Reichserbhofgerichts ergänzt. Die Steuerbefreiungen sind jetzt in § 42 EHRV. zusammengefaßt und verschiedentlich erweitert. § 42 EHRV. ist im Zusammenhang und unter Verwertung der bisherigen Rechtsprechung und Verwaltungsübung erläutert.

Auch beim Ergänzungsband hat mich Herr Meißner, Amtsrat im Reichsfinanzministerium, weitgehendst unterstützt. Ich danke ihm herzlich für diese mir sehr wertvolle Hilfe.

München, den 25. Mai 1938.

Siegfried Ott.

Handbuch des gesamten Grunderwerbsteuerrechts

Von

Siegfried Ott

Senatspräsident beim Reichsfinanzhof in München

Unter Mitwirkung von

Kurt R. Meißner

Amtsrat im Reichsfinanzministerium in Berlin

Zugleich 4. Auflage
des Erläuterungsbuches zum Grunderwerbsteuergesetz

Ergänzungsband

nach dem Stand vom 1. Mai 1938

Springer-Verlag Berlin Heidelberg GmbH
1938

ISBN 978-3-662-33358-7 ISBN 978-3-662-33754-7 (eBook)
DOI 10.1007/978-3-662-33754-7

Inhaltsverzeichnis

Neues Schrifttum.

Saure, Das Reichserbhofgesetz, 5. Aufl. 1938.
Vogels, Reichserbhofgesetz, 4. Aufl. 1937.

Abkürzungen

(Ergänzung der Liste S. XI des Handbuchs).

AEG. Anerbengericht.
EGRealStG. Einführungsgesetz zum Realsteuergesetz.
EHRV. Erbhofrechtsverordnung.
EHVfO. Erbhofverfahrensordnung.
Einl. S. Einleitung zum Ergänzungsband, Seite.
GrVBek. Grundstückverkehrsbekanntmachung.
LwRMBl. MinBl. d. Reichsmin. f. Ernährung und Landwirtschaft.
RUmlO. Reichsumlegungsordnung.
VR. Veranlagungsrichtlinien.

Die Abkürzung „s. 8 bei § 1" bedeutet „siehe Anmerkung 8 des Handbuchs bei § 1 GrEG.", die Abkürzung „s. E. 8 bei § 1" bedeutet „siehe im Ergänzungsband die Ergänzung zu Anm. 8 des Handbuchs bei § 1 GrEG."

Einleitung.

§ 1 StAnpG. und die Grunderwerbsteuer

(Ergänzung der Einleitung des Handbuchs, III S. XIX f.).

Meine Erörterungen S. XXII f. und StW. 36, 1285 stehen im wesentlichen im Einklang mit den abschließenden Ausführungen, die Staatssekretär Reinhardt am 23. 10. 1936 in seinem Vortrag vor der Akademie für Deutsches Recht über die Beurteilung von Tatbeständen nach nationalsozialistischer Weltanschauung gemacht hat. (ZAkDR. 36, 985 und DStZ. 36, 1292, BA. S. 1251, s. auch DStZ. 36, 1208, BA. S. 1108 und StW. 36, 586, sowie Hedding StWarte 36, 524 und Ott DNotZ. 37 SSH. S. 17.) Zusammengefaßt ist das Ergebnis folgendes:

Der Schwerpunkt liegt bei § 1 StAnpG. nicht auf der Auslegungsvorschrift des Abs. 1, sondern auf dem Beurteilungsgrundsatz des Abs. 3. Nach § 1 Abs. 3 StAnpG. sind die Tatbestände, d. h. alle Erscheinungen des Lebens nach nationalsozialistischer Weltanschauung zu beurteilen. Das heißt: Der Blick ist auf das Ganze zu richten; es kommt in erster Linie nicht darauf an, wie sich die Entscheidung für den Einzelnen auswirkt, es ist vielmehr von der Wirkung für die Volksgemeinschaft, für das Volksganze auszugehen. So dient § 1 Abs. 3 StAnpG. in besonderem Maße der Herstellung und Wahrung der steuerlichen Gleichmäßigkeit und damit der sozialen Gerechtigkeit.

Der allgemeine Beurteilungsgrundsatz des § 1 Abs. 3 StAnpG. umfaßt sowohl tatsächliche als auch rechtliche Beurteilungen. Beispiele von Beurteilungen von Tatbeständen in tatsächlicher Hinsicht sind Schätzungen, d. h. die Festsetzung der Besteuerungsgrundlagen (z. B. des steuerpflichtigen Umsatzes) nach Wahrscheinlichkeitsgesichtspunkten, die Auslegung von einseitigen Willenserklärungen (Testamenten) und von zweiseitigen Willenserklärungen (Verträgen), die Beurteilung der Frage, ob in tatsächlicher Hinsicht die Voraussetzungen für die Begründung oder Aufhebung eines Wohnsitzes gegeben sind, die Strafzumessung.

In rechtlicher Beziehung bedeutet der allgemeine Beurteilungsgrundsatz des § 1 Abs. 3 StAnpG. vor allem schärfste Abkehr vom Individualismus und von jeder formalen Gesetzesgerechtigkeit. Darauf habe ich schon S. XXIII nachdrücklich hingewiesen.

Indem § 1 Abs. 3 StAnpG. gebietet, die Tatbestände (die Lebenserscheinungen) nach nationalsozialistischer Weltanschauung zu beurteilen, ist er ein allgemein gültiger und unmittelbar anzuwendender Rechtssatz und zwar der wichtigste des gesamten Steuerrechts. Die Auslegungsvorschriften in § 1 Abs. 1 und 2 StAnpG. kommen mit den Tatbeständen nur mittelbar, nämlich nur auf dem Umweg über die auszulegenden Gesetzesvorschriften in Beziehung. Wie alle sonstigen Lebenserscheinungen, so sind auch Zweifelsfragen, die sich bei der Auslegung der Steuergesetze ergeben, nach nationalsozialistischer Weltanschauung zu beantworten (DStZ. 36, 1305, BA. 1205).

Mit dem allgemeinen Beurteilungsgrundsatz ist treffend auf das abgestellt, worauf es bei jeder Rechtsanwendung vor allem ankommt. Das Wesentliche bei der Rechtsfindung ist nicht die Auslegung der Gesetzesvorschriften. Das Wesentliche sind vielmehr die bei der Rechtsanwendung zu fällenden Werturteile und Willensentscheidungen. Sie werden insbesondere dann erforderlich, wenn der Tatbestand und das Gesetz sich nicht decken, weil der Gesetzgeber sich den Tatbestand etwas anders gedacht hat, weil sein Gesetz mehrdeutig ist oder weil er an diesen Tatbestand überhaupt nicht gedacht hat. Nur durch Beurteilungen, Wertungen läßt sich die Vielgestaltigkeit des Lebens meistern.

Zu S. XXV f. Gegenüber alten und neuen Gegnern der Steuerpflichtigkeit von Treuhandübertragungen (Jahn DStBl. 35, 63, Meilicke JW. 35, 2398 und 36, 3224 und Ludwig DVerw. 37 63, diese beiden bei Besprechung meines Handbuchs) ist auch noch auf § 11 StAnpG. und seine Begründung (RStBl. 34, 1466) hinzuweisen. Danach hat sich der nationalsozialistische Gesetzgeber selbst dahin ausgesprochen, daß die Zurechnungsgrundsätze des § 11 StAnpG. gegenüber §§ 1 und 4 GrEG. nicht gelten und daß, wie jeder sonstige Eigentumsübergang, auch Grundstücksübereignungen zu treuen Händen oder zu Sicherungszwecken steuerpflichtig sind (siehe Ott StW. 37, 1213 und 38, 285; s. auch E. 8 zu § 1 GrEG.).

Beispiel für die Anwendung von § 1 Abs. 3 StAnpG. aus der **neuesten Rechtsprechung:** Die AG. A. war 1910 gegründet mit einem Grundkapital von 100 000 Mk., eingeteilt in 100 Aktien zu je 1000 Mk. Die AG. erwarb Grundbesitz. Im Jahre 1912 wurden 4 Aktien zu je 1000 Mk. der Firma B. zur Sicherung einer Geschäftsschuld übergeben. Als diese Firma im Jahre 1920 in Liquidation trat, wurde vergeblich nach den 4 Aktien geforscht. Der Mitaktionär C. zahlte damals die Geschäftsschuld der AG. A., und der Liquidator versprach ihm dafür die unentgeltliche Herausgabe der 4 Aktien, falls sie noch gefunden werden sollten. 1922 verkauften C. und der Mitaktionär D. je 48 000 Mk. Aktien an die Eheleute X., die sie 1935 an ihre Tochter und deren Mann verkauften. Bei der Umstellung in Goldmark 1926 und bei der 1936 erfolgten Umwandlung der AG. in eine OHG. waren die 4 fehlenden Aktien nicht vertreten. An einer Kraftloserklärung der 4 Aktien (§ 288 HGB.) hatte C. kein Interesse.

Auf Grund von § 1 Abs. 3 StAnpG. betrachtet U. 19. 11. 37 RFH. 43, 30 (bei E. 18/20 zu § 6 StAnpG.) die fehlenden 4 Aktien als nicht vorhanden und beurteilt den Tatbestand so, als ob alle Aktien übergegangen wären. Es würde dem Zweck von § 3 GrEG. und der Volksanschauung widersprechen, wenn ein Gesellschaftsgrundstück dauernd durch Übertragung der vorhandenen Aktien steuerfrei den wirtschaftlichen Eigentümer wechseln könnte, nur weil einige Aktien oder auch nur eine Aktie irgendwie in Verlust geraten sind (siehe StW. 38, 279).

Erster Hauptabschnitt

Das Grunderwerbsteuergesetz

nebst Durchführungsbestimmungen

B. Erläuterungen

Grunderwerbsteuergesetz

§ 1

Besteuerung des Eigentumübergangs.

Zu 8 S. 96. Treuhandübertragungen. Gegen ihre Besteuerung Meilicke JW. 36, 3224 und Ludwig DVerw. 37, 63; dafür Brombach StWarte 37, 18. RFH. 42, 33 und 43, 33 (bei E. 16 zu § 3) halten mit Recht an der Steuerpflichtigkeit fest (s. E. Einl. S. 2).

Zu 18 S. 101. Gesamtrechtsnachfolge. Ab 1. 10. 37 besteht bei Umwandlungen nach dem neuen AktG. (§§ 257 ff.) Steuerfreiheit, da die Gesellschaft rechtlich weiterbesteht; s. E. 30.

Zu 30 S. 110. Umwandlungen. Nach §§ 257 ff. des am 1. 10. 37 in Kraft getretenen AktG. v. 30. 1. 37 (RGBl. I, 107) besteht die alte Gesellschaft, wenn auch in geänderter Rechtsform, bei folgenden Umwandlungen weiter:

1. AG. in KommG. a.A. (§ 259),
2. KommG. a.A. in AG. (§ 262, ebenso schon bisher § 333 HGB.; s. bei 30, Abs. 2),
3. AG. in GmbH. (§ 265),
4. GmbH. in AG. § 274),
5. bergrechtl. Gewerkschaft in AG. (§ 279),
6. KommG. a.A. in GmbH. (§ 281),
7. GmbH. in KommG. a.A. (§ 285),
8. bergrechtl. Gewerkschaft in KommG. a.A. (§ 287).

Daher in allen diesen Fällen Steuerfreiheit ab 1. 10. 37, s. ebenso RdF. v. 19. 12. 37 S 5003 A — 70 III DNotZ. 38, 66. S. auch E. 18 bei § 1 und E. 5 f. bei § 4.

Zu 46 S. 122. Zubehör. Wie Zubehör, so unterliegt auch die Veräußerung der mit dem Grundstück verbundenen Maschinen und sonstigen gewerblichen Vorrichtungen der Umsatzsteuer; so schon U. 25. 9. 35

VA 140/35 RFH. 38, 259 = StW. 35 Nr. 742 und I, 1620 (Sölch) = RStBl. 36, 159 und dann § 27 UmsStDB. in der Fassung der VO. zur Änderung der DB. z. UmsStG. vom 21. 8. 36 (RGBl. I, 643); siehe RdF. 15. 9. 36 S. 4030—20 III (RStBl. 36, 913 und DBR. 36, 130 und 148). Die neue Vorschrift ist also dem § 11 Abs. 2 S. 3, § 50 Abs. 1 S. 2 RBewG. angepaßt. Siehe Ott StW. 37, 1411.

Zu 52 S. 127. Apothekenberechtigungen. Keine Steuer für den Verzicht auf ein vererbliches und veräußerliches Betriebsrecht (U. 17. 9. 37 II A 356/36 StW. 37 Nr. 511 und I, 1218 bei E 40 zu § 11 in Bestätigung von RFH. 33, 116).

Zu 55 Abs. 1 S. 131. Begriff „Maschinen" und „sonstige Vorrichtungen". Nicht dazu gehören Lastenaufzüge und Personenfahrstühle in einem Warenhausgrundstück, wohl aber die Rolltreppe eines Warenhauses; U. 26. 11. 36 III A 160/36 StW. 37 Nr. 60 und I, 94 (Seweloh) = RStBl. 36, 1253; ferner nicht Heizungsanlagen, Aufzüge, Wasseranlage mit drei Tiefbrunnen in einem Grundstück, das z. T. als Lagerplatz, z. T. zu Wohnzwecken verwendet war (U. 21. 10. 37 III A 261/37 StW. 37 Nr. 644 und I, 1505 (Seweloh) = RStBl. 38, 275 = JW. 38, 409 (Meilicke).

§ 2

Grundstücksgleiche Rechte.

Zu 8 S. 145. Bergwerkseigentum. Durch das preuß. Ges. zur Änderung berggesetzlicher Vorschriften vom 24. 9. 37 (PrGSlg. 37, 93) ist das PrABergG. ab 5. 10. 37 in einigen Punkten geändert worden, insbesondere durch Neufassung des § 2 Abs. 1, 2, die das Recht des Staats zur Aufsuchung und Gewinnung von Mineralien (Steinkohle, Braunkohle, Steinerz, Eisenerz) betreffen. Diese Rechte sind — teilweise auch räumlich — erweitert worden.

Zu 11 S. 147. Selbständige Kohlen- und Salzabbaugerechtigkeiten. Durch das ÄndG. vom 24. 9. 37 (s. E. 8) ist das sogen. Mandatsgebiet ab 5. 10. 37 neu abgegrenzt worden. Im ganzen — alten und neuen — Bezirk (Einzelheiten s. DBR. 37, 148) ist das Verfügungsrecht des Grundeigentümers über die Steinkohle beseitigt worden. Für das neue Mandatsgebiet ist neu bestimmt, daß bei Bestellung einer selbständigen Kohlenabbaugerechtigkeit diese vom Grundstück abzuschreiben und auf ein besonderes Grundbuchblatt zu übertragen ist. Eine Kohlenabbaugerechtigkeit kann jetzt nur dann mit einer anderen vereinigt werden, wenn die Gerechtigkeiten zu einem einheitlichen Bau zusammengefaßt werden können. S. E. 2 bei § 8 Nr. 8 GrEG.

§ 3

Vereinigung der Anteile an einer Personenvereinigung in einer Hand.

Zu 14 S. 155. Übergang des Eigentums im Rechtssinn als Voraussetzung der Anteilsvereinigung. Die Vereinigung aller Anteile in der Hand eines Treuhänders ist steuerpflichtig; daran ist durch § 11 StAnpG. nichts geändert (U. 21. 1. 38 II 293/37 RFH. 43, 101 = StW. 38 Nr. 77 und I, 285 = RStBl. 38, 190 = JW. 38, 984 = DBR. 38, 53, s. auch E. 18 bei § 3.

Zu 15 Abs. 2 S. 156. Ehegatten sowie Eltern und Kinder als Einheit. Den Fall, daß Vater und Sohn je 5 von den vorhandenen 10 Anteilen erworben haben und später der Vater seine 5 Anteile auf den Sohn überträgt, beurteilt U. 18. 6. 37 II A 329/36 RFH. 41, 295 = StW. 37 Nr. 429 und I, 1219 = RStBl. 37, 968 = JW. 37, 2867 (Megow) = Kart. R. 9 zu Satz 2 = DVR. 37, 130 und 154 so: Nach U. 24. 6. 27 RFH. 21, 312 (bei 24 zu § 3 S. 161, dort versehentlich vom 2. 8. 27 datiert) ist es im Falle des § 3 S. 2 so anzusehen, als ob die Familienangehörigen gesamthänderisch (als Personeneinheit) das Grundstück erworben haben. Dieser Begründung des Gesamthandverhältnisses folgt die Auflösung des Gesamthandverhältnisses durch die Vereinigung der Anteile in der Hand des Sohnes allein: das ist ein neuer, selbständiger Steuerfall i. S. d. § 3 Satz 1, auf den § 15 anzuwenden ist. Daher ist die spätere Anteilsvereinigung beim Sohn nach § 8 Nr. 4 steuerfrei (s. 21 zu § 3). Wären es i. Beisp. Ehegatten, so wäre die Anteilsvereinigung beim einen Ehegatten aus der Hälfte der Ges.-Grundstücke steuerpflichtig; anders und für Steuerfreiheit noch Handb. S. 156 Abs. 2 S. 3 (s. StW. 37, 1219 und 3. Aufl. S. 92).

Zu 16 S. 156/158. Zugehörigkeit von Grundstücken zum Vermögen. Wie die Frage des Eigentumsübergangs rein bürgerlich-rechtlich beurteilt werden muß (§§ 1 und 4; s. E. 8 zu § 1 und E. Einl. S. 2), so gelten die Zurechnungsgrundsätze des § 11 StAnpG. auch nicht für den Bereich des § 3 und zwar weder für die Frage nach dem Vorliegen einer Anteilsvereinigung noch für die Frage nach der Vermögenszugehörigkeit. Die Frage nach der Vermögenszugehörigkeit ist ausschließlich aus dem GrEG. zu entscheiden. Daher Steuerpflicht aus § 3 auch dann, wenn die Ges. A die ihr gehörigen Anteile der GmbH. B auf C überträgt und B Grundstücke nur als Treuhänder von A besitzt (U. 30. 7. 37 II A 319/36 RFH. 42, 33 = StW. 37 Nr. 476 und I, 1217 = RStBl. 37, 1022 = JW. 37, 3126 (Meilicke) = DVR. 37, 127); ebenso StW. 38 I, 1214 gegenüber StW. 36, 145 und Handb. S. 158 Abs. 1. Siehe auch RFH. 42, 343 = StW. 37 Nr. 489 und I, 1226 bei E. 7 des 3. Hauptabschnitts.

Zu 17 S. 158. Keine erneute Steuerpflicht des nachfolgenden Übergangs des Grundstückseigentums. In der siebenten Zeile ist hinter „wenn" einzuschalten „und soweit"; s. E. 30 zu § 6 StAnpG.

Zu 18 Abs. 1 S. 159. Kein Zurückgreifen auf den Ersatztatbestand des § 3 (S. 158). S E. 30 zu § 6 StAnpG.

Zu 21 S. 160. Anwendbarkeit der Steuerbefreiungsvorschriften z. B. der Steuererleichterungen des § 4 StDVO. II (s. 3. Hauptabschnitt) auch insoweit, als infolge der Umwandlung sämtliche Anteile einer Personenvereinigung i. S. des § 3 GrEG. von der KapGes. auf die PersGes. übergehen (U. 29. 1. 37 II A 227/36 RFH. 40, 347 = StW. 37 Nr. 153 und I, 341 = RStBl. 37, 367 = Kart. Allg. V R 1 zu § 8 = DVR. 37, 35).

§ 4

Entstehung der Steuerschuld.

Zu 5 f. S. 164. Außerhalb des Grundbuchs sich vollziehender Eigentumsübergang. Nach § 265 AktG. besteht bei Umwandlung einer AG. in eine GmbH. die alte Gesellschaft weiter. Ab 1. 10. 37 ist daher die Eintragung der GmbH. in das Grundbuch nur noch eine steuerfreie Grundbuchberichtigung (s. 13 bei § 1). Über die ab 1. 10. 37 steuerfreien Umwandlungsfälle im einzelnen S. 30 bei § 1.

Zu 7 S. 165. Genehmigungspflichtige Eigentumsübergänge. Wegen der neuen Grundstücksverkehrsbekanntmachung vom 26. 1. 37 S. 14/15 bei § 5.

§ 5

Besteuerung der Veräußerungsgeschäfte.

Zu 14/15 S. 174. Behördliche Genehmigungen sind insbes. erforderlich in folgenden Fällen:

a) Grundstücksverkehrsbekanntmachung v. 26. 1. 37 (RGBl. I, 35). Die BundesratsVO. vom 15. 3. 18 (RGBl. S. 123) gilt ab 1. 2. 37 i. d. geänderten Fassung des Ges. vom 26. 1. 37 (RGBl. I S. 32), ergänzt durch die AusfVO. vom 22. 4. 37 (RGBl. I, 534); amtl. Begründung LwRMBl. 37, 63 und DJ. 37, 217; Richtlinien (RErl. des RuPrMfEuL. vom 26. 1. 37 VIII 14165) LwRMBl. 37, 74 und DJ. 37, 317; Schrifttum u. a. Hopp, Verkehr mit land- und forstwirtschaftlichen Grundstücken, 2. Aufl. 1937, und DNotZ. 37, 215; Krautwig DNotZ. 37, 474.

GrVBek. erfaßt alle land- und forstw. Grundstücke im Umfang von 2 ha aufwärts, bei Teilgrundstücken von ½ ha aufwärts; die Mindestgröße ist durch AusfVO. geändert und zwar auf 5 ha für RegBez. Lüneburg, Potsdam, Stettin, auf 1 ha für Hamburg, Oldenburg, Thüringen, Württemberg, preuß. Bez. des Westens und Ostens und auf ½ ha für Baden, Hessen, Saarland, Rheinpfalz.

Genehmigungspflichtig (§ 2): insbes. Auflassungen, Bestellung von Erbpachtrechten, von Kohlenabbaugerechtigkeiten (so Hopp S. 81 gegen KG. DNotZ. 26, 579), entsprech. Verpflichtungsgeschäfte (z. B. für Kaufvertrag erteilte G. gilt auch für Auflassung), Gebote in der Zwangsversteigerung (bei Fehlen der G. Zurückweisung des Gebots; § 71 Abs. 2 ZVG.), Zuschläge bei Abtretung der Rechte aus dem Meistgebot nach § 81 Abs. 2 und 3 ZVG. Anhörung des zust. Kreisbauernführers.

Genehmigungsfrei sind u. a. Erwerb. des Reichs, der Länder, Gemeinden, der NSDAP., Unternehmen „Reichsautobahnen", bei Siedlungsvorhaben, Kleinwohnungsvorhaben, Erbhöfen, beim Vorliegen der Genehmigung der Fideikommißbehörde (§ 3 GrVBek.).

Genehmigungsbehörde: Landrat (Bezirksamt, Amtshauptmann), in Stadtkreisen Bürgermeister; s. Hopp S. 157. Die Entscheidung ist für Gerichte und Verwaltungsbehörden bindend. Die GrVBek. dient der Durchführung nationalsozialistischer Bodenpolitik. Daher Versagung der G., wenn erhebliches öffentliches Interesse entgegensteht (§ 5 GrVBek.). S. auch k).

b) Gesetz über die Aufschließung von Wohnsiedlungsgebieten vom 22. 9. 33 (RGBl. I S. 659).

c) § 35 PrAG. z. RSiedlG. vom 15. 12. 19 (GS. S. 31).

d) § 22 RHeimstG. vom 10. 5. 20 (RGBl. S. 592).

e) § 32 Pr. LandesrentenbankG. vom 1. 8. 31 (GS. S. 154)

f) § 4 Pr. Ges. vom 2. 4. 1887 betr. die durch ein Auseinandersetzungsverfahren begründeten gemeinschaftlichen Angelegenheiten (GS. S. 105).

g) Genehmigung des Vormundschaftsgerichts nach §§ 1643, 1686, 1821 BGB.

Wegen b—g s. Handb. S. 580 Anm. 22.

h) VO. über die Veräußerung von Entschuldungsbetrieben vom 6. 1. 37 (RGBl. I S. 5, DVO. I vom 19. 4. 37 (RGBl. I S. 466) und DVO. II vom 19. 8. 37 (RGBl. I S. 909. Die Veräußerung eines Grundstücks, auf dem im Grundbuch ein Entschuldungsvermerk gemäß §§ 80, 81 SchuldenregelungsGes. 1. 6. 33, § 19 Abs. 3, § 29 Abs. 1 OsthilfeabwicklVO. vom 21. 12. 24 (RGBl. I S. 1280) eingetragen ist, und die Verpflichtung zu einer solchen Veräußerung bedürfen zu ihrer Wirksamkeit der G. des RErnMin., bei Erbhöfen und bei Betrieben mit weniger als 7,5 ha Eigenland der G. des Entschuldungsamts oder des Kommissars für Osthilfe (Landstelle); s. i. übr. v. Rozycki — v. Hoewel DNotZ. 37, 393, 547 und 799 und Piller DNotZ. 37, 893. Die GPflicht gilt also auch für Erbhöfe (§ 34 Abs. 3 EHRV.; s. 4. Hauptabschnitt I E. 22 S. 79); ferner für Grundstücke, die ohne Eintragung eines Entschuldungsvermerks mit einer Hypothek für ein Darlehen der Bank für deutsche Industrie-Obligationen (Industriebank) oder für Darlehn des Reichs aus Betriebssicherungsmittel belastet sind, sowie für Grundstücke, für deren Eigentümer das Schuldenregelungsverfahren erfolgreich durchgeführt ist, auf denen aber der Entschuldungsvermerk noch nicht eingetragen ist.

i) Ges. zur Sicherung der Reichsgrenze vom 9. 3. 37 und erste DVO. vom 17. 8. 37 (RGBl. I, 281 und 905) schützen den Grundstücksverkehr an der deutschen Ostgrenze. Die Genehmigungspflicht erfaßt nicht nur land- und forstw., sondern auch städt. Grundstücke und Grundstücksanteile, auch Anteile an einer Erbschaft, zu der ein Grundstück gehört. Keine Mindestgröße.

Genehmigungspflichtig (§ 2 DVO. I): Auflassungen, Verpflichtungsgeschäfte usw. wie bei GrVBek. (a). Falls G. auch nach GrVBek. oder nach WohnSiedlG. (b) erforderlich ist, müssen Voraussetzungen auch für diese G. erfüllt sein. Bejahendenfalls einheitliche G.; verneinendenfalls braucht über die nach Ostgrenzevorschriften erforderliche G. gar nicht mehr entschieden zu werden (§ 2 Abs. 5 DVO. I).

Der Erbe eines Grundstücks oder Grundstücksanteils, der nicht gesetzlicher Erbe nach BGB., ist, bedarf der G., um das Grundstück zu behalten (§ 3 Abs. 1 DVO. I). Bei Versagung der G. Zwang zur Veräußerung durch den Erben an eine zum Erwerb berechtigte Person, d. h. also an eine Person, die die G. auf Grund der Ostgrenzevorschriften erhält; ggf. Zwangsversteigerung auf Antrag der Genehmigungsbehörde (§ 3 Abs. 2 S. 1 und § 4 DVO. I; wegen Erbhofs insbes. s. § 4 Abs. 2 S. 2 und § 5 DVO. I). Steuerlich bedeutsam ist, daß die Verweigerung der G. den Eigentumserwerb nicht hindert; der Erwerber darf das Eigentum nur nicht behalten. Er bleibt also soweit nicht eine Befreiungsvorschrift Platz greift, erbschaftssteuerpflichtig; außerdem entsteht aber durch die notwendige Weiterveräußerung des Grundstücks Grunderwerbsteuerpflicht.

Keine Befreiungen von der G.Pflicht, auch nicht bei Siedlungsgrundstücken, Erbhöfen, Kleinwohnungsgrundstücken usw.

Genehmigungsbehörde: Landrat in Landkreisen (Bez. Oberamtmann, Amtshauptmann), Oberbürgermeister in Stadtkreisen.

k) Anordnung vom 26. April 1938 (RGBl. I, 415). Bei Veräußerung oder Verpachtung eines gewerblichen land- oder forstwirtschaftlichen Betriebs (ebenso bei Nießbrauchbestellung), ferner bei entsprechenden Verpflichtungsgeschäften Genehmigungspflicht, wenn an dem Rechtsgeschäft ein Jude im Sinn der Nürnberger Gesetze (§ 5 der Ersten VO. vom 14. 11. 35, RGBl. I, 1333) als Vertragschließender beteiligt ist. Die Genehmigung ist nicht erforderlich, wenn das Rechtsgeschäft der anerbengerichtlichen oder der fideikommißrechtlichen oder der Genehmigung nach der Grundstücksverkehrsbekanntmachung (s. oben a) bedarf. Genehmigungsbehörde: die für den zu veräußernden Betrieb örtlich zuständige höhere Verwaltungsbehörde.

§ 6 StAnpG.

Mißbrauch von Formen und Gestaltungsmöglichkeiten des bürgerlichen Rechts.

Zu 18/20 S. 212. Anteilsvereinigung beim Fehlen von Zwerganteilen. Der Gesetzeslage entsprechend, geht auch die neueste Rechtsprechung grundsätzlich davon aus, daß die Geringfügigkeit des fehlenden Anteils für sich allein zur Anteilsvereinigung nicht genügt (dagegen Ludwig DVerw. 37, 64; s. auch Brombach StWarte 37, 19 und 38, 131). Im Fall von U. 19. 11. 37 II 68/37 RFH. 43, 30 = StW. 38, 60 und I, 279 = RStBl. 38, 66 = DStZ. 38 Nr. 15 = JW. 38, 830 = Kart. III R. 18 zu § 3 = DVR. 38, 21 waren 96 von 100 Aktien zu je 1000 M. übertragen. 4 Aktien waren seit Jahren verschollen. Nach § 1 Abs. 3 StAnpG. wird es treffend so angesehen, als ob alle Anteile übergegangen wären (s. im einz. E. Einl. S. 2). Steuerpflicht aus § 3 GrEG. und § 6 StAnpG. nimmt U. 17. 12. 37 II 340/36 RFH. 43, 141 = StW. 38 Nr. 76 und I 282 = RStBl. 38, 189 = JW. 38, 830 (Meilicke, abl.) = DVR. 38, 38 an in einem Falle, in dem sich zwei AG. liquidationslos verschmelzen wollten, die aufzunehmende AG. alle Anteile einer GmbH. mit Grundbesitz besaß und etwa 2 v. H. dieser Anteile unmittelbar vor dem Abschluß des Verschmelzungsvertrags an eine von der aufnehmenden Gesellschaft beherrschten Tochtergesellschaft veräußert wurden. Dabei wird der Schwerpunkt nicht auf die Abhängigkeit der GmbH. von der AG. A gelegt, sondern auf die Gesamtumstände des Falles abgestellt. Danach hätte der RFH. eine Umgehung wohl auch dann angenommen, wenn der Zwerganteil an einen von der AG. A unabhängigen Fremden abgestoßen worden wäre (s. StW. 38, 283).

Zu 30 Abs. 2 S. 218. Nachträgliche Verwirklichung der zunächst umgangenen Gestaltung. Auch insoweit keine erneute Steuerpflicht aus § 3, als die Personenvereinigung nach der Besteuerung der untergestellten Anteilsvereinigung noch weitere Grundstücke neu erworben hat (U. 16. 10. 36 II A 34/36 RFH 40, 111 = StW. 36 Nr. 504 und I, 1586 = RStBl. 36, 1064 = Kart. I R. 56 = DVR. 37, 13). Anders natürlich, wenn die wirtschaftliche Alleinmacht über alle Anteile zwischenzeitlich wieder verloren gegangen war. Hinsichtlich der neuen Grundstücke tritt aber Steuerpflicht aus §§ 1, 4 GrEG. ein, wenn die Grundstücke später in das persönliche Eigentum des Alleinanteilinhabers übergehen (s. 18 Abs. 1 am Schluß bei § 3).

§§ 8 und 9

Steuerbefreiungen.

A. Allgemeines.

Zu 3 S. 222. Steuerfreiheit auch für Vorgänge nach §§ 2, 3, 5, 6 und 7. Wegen § 3 s. RFH. 40, 347 zu § 4 StDVO. II bei E. 21 zu § 3 und U. 17. 12. 37 II 340/36 RFH. 43, 141 = StW. 38 Nr. 76 und I, 285 zu § 8 Abs. 2 StMildG. vom 31. 3. 36 (RGBl. I S. 186).

B. Die einzelnen Befreiungen des § 8.

§ 8 Nr. 7

Umlegungen usw.

Zu 5 S. 254. Flur- und Feldbereinigung. Ab 1. 1. 38 ist das Recht der ländlichen Grundstücksumlegung durch die Reichsumlegungsordnung vom 16. 6. 37 (RGBl. I, 629) neu geregelt. Die Umlegungen zersplitterten oder unwirtschaftlich geformten ländlichen (auch forstwirtschaftlichen) Grundbesitzes erfolgen von Amts wegen. Trotz der ausreichenden Vorschrift des § 8 Nr. 7 GrEG. sieht § 139 Abs. 1, 2 RUmlO. auch für die GrESt. nebst Zuschlägen Steuerfreiheit vor bei Vorlegung einer Versicherung der Umlegungsbehörde. Die Steuerstellen haben kein Nachprüfungsrecht. Die Reichsumlegungsordnung ist in Schleswig-Holstein bereits am 1. 8. 37 in Kraft getreten; VO. vom 19. 7. 37, RGBl. I, 818.

§ 18 Abs. 1 der 1. VO. z. RUmlO. vom 27. 4. 38 (RGBl. I, 425) hält die Befreiung von der Grunderwerbsteuer nebst Zuschlägen grundsätzlich aufrecht. Nach § 18 Abs. 2 VO. gilt aber die Befreiung in den Fällen, in denen ländliche Grundstücke in großem Umfang bereitgestellt werden müssen (§ 1 Abs. 2, § 57 RUmlO.), insoweit nicht, als es sich um den Übergang der Grundstücke auf das Umlegungsunternehmen handelt. Rückwirkung ab 1. 1. 1938.

§ 8 Nr. 8.

Austausch von Feldesteilen angrenzender Bergwerke und Vereinigung von Bergwerken.

Zu 2 S. 256. Austausch von Feldesteilen. § 8 Nr. 8 ist auch anwendbar, wenn im sog. Mandatsbezirk selbständige Kohlenabbaugerechtigkeiten gegeneinander ausgetauscht werden. Es ist gleichgültig, ob die auszutauschenden, selbständigen Kohlenabbaugerechtigkeiten bereits vor dem Austausch als selbständige Gerechtigkeiten bestanden oder erst zur Zeit des Austausches von Grundeigentum gelöst und verselbständigt wurden (U. 2. 10. 36 II A 156/35 RFH. 40, 83 = StW. 36 Nr. 505 und I, 1596 = Kart. R. 7 = RStBl. 36, 1084 = DVR. 36, 168 und U. 23. 4. 37 II A 202/36 RFH. 41, 206 = StW. 37 Nr. 326 = RStBl. 37, 950

= 37, 2808 (Megow) = Kart. R 8 = DVR. 37, 100), s. i. einz. StW. 37 I, 681. Nach RFH. 41, 206 liegen angrenzende Bergwerke und zwar sowohl im Gebiet des Preuß. Allg. Bergrechts als auch im sog. Mandatsbezirk vor, wenn die Grundstückskörper, auf die sich das Bergwerkseigentum oder die Abbaurechte in der Hand der Austauschenden beziehen, aneinandergrenzen. Nicht erforderlich ist, daß die auszutauschenden Feldesteile räumlich aneinander grenzen; desgleichen nicht, daß die Schächte der Bergwerke aneinander grenzen. Wegen der Neuabgrenzung des Mandatsbezirks s. E. 11 zu § 2 GrEG.

Zu 4 S. 256. Bessere bergbauliche Ausnützung. Zur weiteren Auslegung des Begriffs „bergbaulich" s. neuerdings auch RFH. 41, 206 bei E. 2 zu § 8 Nr. 8.

§ 8 Nr. 9

Schaffung von Kleinwohnungen.

Zu 4 S. 258. Beteiligung von Körperschaften des öffentlichen Rechts. In der 7. Zeile ist hinter Körperschaften einzufügen „im Sinn des § 8 Nr. 9 GrEG."

Zu 5 S. 258, insbes. S. 260. Beteiligung von Personenvereinigungen u. ä. Zu den Unternehmen, deren Gemeinnützigkeit nach den KörpStDB. von der Steuerstelle nachzuprüfen ist, können u. U. auch Wohnungsunternehmen gehören, nämlich solche, die der GemeinnVO. nicht unterliegen, weil ihr Grund- oder Stammkapital 50000 RM. nicht erreicht (§ 3 Abs. 1 GemeinnVO.; vgl. U. 26. 2. 37 II A 125/36 RFH. 41, 95 = StW. 37 Nr. 264 = RStBl. 37, 629 = DVR. 37, 82 zur KapVerkSt.). Insofern hat der Hinweis auf die DB. z. KörpStG. neben dem Hinweis auf die GemeinnützigkeitsVO. seine Bedeutung.

Zu 12 S. 264 und 265 unten. Begriff „Kleinwohnung". Maßgebend ist Art. 9 VO. vom 20. 3. 31 (RGBl. I, 73) und Art. 3 Ges. vom 14. 7. 33 (RGBl. I S. 485). Danach sind Kleinwohnungen im Sinne des § 8 Nr. 9 nur solche Wohnungen, deren nutzbare Wohnfläche das Höchstmaß von 75 qm nicht übersteigt; zulässige Ausnahmen sind im Art. 9 der VO. vom 20. 3. 31 erschöpfend aufgezählt (U. 23. 7. 37 II A 176/37 RFH. 42, 26 = StW. 37 Nr. 477 und I, 1222 = RStBl. 37, 998 = Kart. II R. 9/10 = DVR. 37, 169; ebenso vgl. schon vorher Seldis StWarte 36, 96 und Ott StW. 37 I, 221 bei Besprech. von U. 8. 1. 37 II A 126/36 StW. 37 Nr. 97 und I, 221 = RStBl. 37, 430 = DVR. 37, 24 = Kart. V R. 5. Nach Art. 9 VO. vom 20. 3. 31 sind Ausnahmen von der Höchstgrenze von 75 qm zugelassen bei geringer Raumüberschreitung, wenn bei geschlossenen Baugruppen die Durchschnittsfläche das vorgeschriebene Maß nicht übersteigt oder wenn die Mehrfläche durch eine wirtschaftlich notwendige Gestaltung der Grundrißhaltung der Baufläche bedingt ist oder wenn es sich um Reichsheimstätten oder um Wohnungen für kinderreiche Familien handelt; ferner beim Vorliegen besonderer Verhältnisse, insbesondere bei Flachbauten auf dem Land. Im Fall von RFH. 42, 26 enthielt das veräußerte Haus 4 Wohnungen, die zusammen eine nutzbare Wohnfläche von 367,46 qm gegenüber einem grundsätzlichen Höchstmaß von (4 × 75) 300 qm ergaben. Das war bei geschlossener Baugruppe keine geringe Überschreitung mehr (s. StW. 37 I, 1223).

Zu 16 S. 267. Veräußerung eines bereits bebauten Kleinwohnungsgrundstücks an Privaterwerber. Bish. Rechtspr. ist bestätigt im U. 8. 1. 37 II A 126/36 bei E. 12. Die Freistellung des Erwerbs durch ein Nichtmitglied wird erneut abgelehnt (s. StW. 37 I, 226).

Zu 17 S. 268. Veräußerung von Eigenheimen. Ein Zweifamilenhaus ist auch dann kein Eigenheim, wenn die zweite Wohnung als sogen. „Einliegerwohnung" eingebaut ist (U. 8. 1. 37 II A 126/36 bei E. 12, wo auch Berufung auf das 2. Ges. zur Verminderung der Arbeitslosigkeit vom 21. 9. 33 (RGBl. I 651), auf DVO. vom 26. 10. 33 (RGBl. I, 733) und RE. RFinMin. 30. 10. 33 (RStBl. 33, 1126) abgelehnt wird; s. StW. 37 I, 227).

§ 8 Nr. 10

Erholungsanlagen, öffentliche Straßen.

Zu 3 S. 270. Zweckbestimmung. Die Befreiungsvorschrift ist nicht anwendbar bei Grundstücksüberlassungen für allgemeinen öffentlichen Bedarf. So RFH. in einem Fall, in dem dem Eigentümer eines Grundstücks, das in einem zum Wohnsiedlungsgebiet erklärten Gebiet liegt, nach § 7 Abs. 1 S. 2 Ges. über die Aufschließung von Wohnsiedlungsgebieten vom 22. 9. 33 (RGBl. I S. 659) die Auflage gemacht war, einen Teil des Grundstücks für öffentliche Straßen und einen andern Teil für den „sonstigen Bedarf" schulden-, lasten- und kostenfrei an die Gemeinde zu übereignen; dieser andere Teil ist nicht befreit; U. 25. 2. 38 II 269/37 StW. 38 Nr. 187 = RStBl. 38, 367 = DVR. 38, 54; s. f. Ott, Wohnsiedlungsrecht und Grunderwerbsteuer, StW. 38 I, 454, 465.

Zu 4 S. 270. Unmittelbarkeit der Zweckbestimmung. Bei öffentlichen Straßen und Plätzen ist Voraussetzung für die Freistellung nur, daß der Erwerb den „Zwecken" der Straße dient; so schon 3 zu § 8 Nr. 10. Die engere Auslegung, daß es sich um einen Erwerb zwecks „Schaffung" einer Straße handeln müsse, hat nun auch RFH. aufgegeben und einen steuerfreien Erwerb auch dann angenommmen, wenn eine bereits angelegte und dem Verkauf übergebene öffentliche Straße den Eigentümer wechselt und die Grundstücke zur Fortführung ihrer Zweckbestimmung übertragen werden (U. 9. 4. 37 II A 164/36 StW. 37 Nr. 327 7nd I, 685 = RStBl. 37 642 = JW. 37, 2673 (Meilicke) = DVR. 37, 77: Umgehungsstraße geht von Stadt auf Provinzialverband über); vgl. Meißner DVR. 37, 77, der gleiche Auslegung bei öffentlichen Erholungsanlagen anregt, Zwecksicherung vorausgesetzt, und dabei auf die die Rechtspr. bei Übergang von Kleinwohnungshäusern von einem gemeinnützigen Unternehmen auf das andere hinweist (s. 20 bei § 8 Nr. 9).

Zu 8 S. 273. Öffentliche Straßen und Plätze. Daß Wasserstraßen und Schienenwege keine öffentlichen Straßen im Sinne des § 8 Nr. 10 sind, hat RFH. jetzt bestätigt (U. 28. 5. 37 II A 326/36 RFH. 41, 262 = StW. 37 Nr. 376 und I, 795 = RStBl. 37, 951 = JW. 37, 2674 (Meilicke) = DVR. 37, 162). Weder in der Umgangs- noch in der Gesetzessprache zieht man Wasserläufe und Schienenwege in den Begriff der öffentlichen Straße hinein. Auch das Ges. über die Neuregelung des

Straßenwesens usw. vom 26. 3. 34 (RGBl. I, 243) und die Reichsstraßen-Verkehrsordnung vom 28. 5. 34 (RGBl. I, 457), verstehen unter Straßen nur dem Verkehr auf dem festen Land dienende Wege.

Noch zu § 8 GrEG.

C. Sonstige Steuerbefreiungen (S. 274 ff.)

a) Siedlungswesen (S. 275 ff.)

aa) Reichssiedlungsgesetz.

Zu 3 S. 275. Die Befreiungsvorschrift des § 29 RSiedlG. Über die Notwendigkeit der Genehmigung der Übertragung von Siedlungsgrundstücken in den Grenzgebieten an der deutschen Ostgrenze s. E. 14/15 bei § 5 GrEG.

Zu 4 S. 275. Siedlungszweck. Nach Art. 5 der VO. über das Vorkaufsrecht nach dem RSiedlG. vom 15. 4. 37 (RGBl. I, 546) liegt eine Verwendung für Siedlungszwecke auch dann vor, wenn ein in Ausübung des Vorkaufsrechts erworbener landw. Betrieb im ganzen einem Bewerber übertragen und dadurch Erbhof wird oder wenn eine nach dem RSiedlG. begründete Ansiedlerstelle innerhalb von 10 Jahren nach der ersten Übernahme unter Vermittlung eines gemeinnützigen Siedlungsunternehmens an einen andern Bewerber übertragen wird. S. auch Reichardt „Das Vorkaufrecht nach dem RSiedlG." DNotZ. 37, 308 insbes. über Rückwirkung der Genehmigung.

Zu 5 S. 275. Gemeinnützige Siedlungsunternehmen. Die der Förderung der landwirtschaftlichen Siedlung dienende Deutsche Siedlungsbank (§ 3 des 3. Abschn. der VO. des Reichspräs. vom 26. 7. 30, RGBl. I, 311) und die Preußische Landesrentenbank (Ges. vom 29. 12. 27, PrGS. S. 283) sind beim Erwerb und bei der Veräußerung von Grundstücken u. a. auch von der GrESt. nebst Zuschlägen befreit; § 4 Ges. zur Förderung der landwirtschaftl. Siedlung vom 31. 3. 31 (RGBl. I 122).

Zu 7 S. 276. Die nicht befreiten Erwerbsfälle. Daß die Befreiungsvorschrift bei Landabgabe aus dem Besitzstand großer Güter gem. § 13 Abs. 3 RSiedlG. (unmittelbare Veräußerung an den Siedler) nicht anwendbar ist, hat auch RFH., wie hiermit nachgeholt sei, festgestellt im U. 10. 5. 33 II A 440/32 RFH. 33, 123 = StW. 33 Nr. 597 = JW. 33, 1741 = Kart. III R. 1 zu § 8 Allg. = DVR. 36, 133.

Die Weiterveräußerung der Siedlerstelle durch den ersten Siedler an einen zweiten Siedler wird im Hinblick auf die E. 4 (oben) mitgeteilte neue VO. vom 15. 4. 37 auch dann befreit sein müssen, wenn sie innerhalb von 10 Jahren nach der ersten Übernahme unter Vermittlung eines gemeinnützigen Siedlungsunternehmens erfolgt.

bb) Reichsheimstättengesetz.

Zu 10. S. 278. Die Befreiungs- und Vergünstigungsvorschriften des RHeimstG. Durch Ges. vom 24. 11. 37 (RGBl. I, 1289) ist das RHeimstG. in einigen wesentlichen Punkten geändert und durch Bek. vom 25. 11. 37 (RGBl. I, 1291) die entsprechende Neufassung veröffentlicht worden. Die steuerlichen Vergünstigungsvorschriften sind unverändert geblieben. Sie haben aber neue Paragraphennummern erhalten müssen: § 36 a. F. ist jetzt § 34 n. F., § 37 a. F. § 35 n. F.

Zu 11 S. 278. Wohnungsheimstätten, Wirtschaftsheimstätten. Nach § 1 RHeimstG. n. F. (vgl. E. 10) tragen die Heimstätten nur noch die einheitliche Bezeichnung „**Reichsheimstätten**", die andere Grundstücke nicht führen dürfen.

Nach § 2 n. F. umfaßt der Kreis der Berechtigten neben Frontkämpfern, Kriegsopfern und kinderreichen Familien auch die Kämpfer für die nationale Erhebung, die Opfer der Erhebung (vgl. § 1 Ges. vom 27. 2. 34, RGBl. I, 133) und der nationalen Arbeit, ehemalige Angehörige der Wehrmacht, die dienstbeschädigt sind oder über die Dauer der aktiven Dienstzeit hinaus freiwillig weitergedient haben, überall auch die Witwen. Die Heimstätter müssen das Reichsbürgerrecht haben. Über Bewertung von Heimstättengrundstücken s. E. 41 zu § 11 GrEG.

Zu 12 S. 278. Ausgeber der Heimstätten. Für die Zulassung öffentlicher Verbände und gemeinnütziger Unternehmen als Ausgeber sind nicht mehr die obersten Landesbehörden zuständig, sondern der RArbMinister (§ 1 Abs. 2 RHeimstG. n. F.), der auch sonst die Befugnisse der obersten Landesbehörden übertragen erhalten hat.

Zu 16 S. 279. Weiterveräußerungen. Der Heimfallanspruch der Ausgabe ist allgemein erweitert worden auf die Fälle, in denen dem Heimstätter das Reichsbürgerrecht aberkannt oder nicht verliehen wird; § 12 RHeimstG. n. F.

dd) Kleinsiedlungen.

Zu 18 S. 280. Kleinsiedlung. Die allgemeinen Vorschriften sind jetzt dem tatsächlichen Zustand angepaßt und neu gefaßt in der Bek. vom 15. 1. 37 (RGBl. I, 17). Für die steuerlichen Belange bleiben weiter § 20 der 3. DVO. vom 6. 10. 31 und die erläuternden Bestimmungen vom 21. 4. 36 maßgebend (s. Handb. S. 280). Verzeichnis der Bewilligungs- und Anerkennungsbehörden s. RStBl. 37, 610 und DVR. 37, 85 und 130. Vgl. auch die VO. z. Ändg. von Vorschriften über Kleinsiedlungen und Kleingärten vom 26. 2. 38 (RGBl. I, 233).

Neue Anm. 18 a. Zu S. 283. Schaffung von Heuerlings- und Werkwohnungen und von Eigenheimen für ländliche Arbeiter und Handwerker. Durch VO. vom 10. 3. 37 (RGBl. I, 292) ist zur Förderung des Wohnungsbaus für Arbeiter und Handwerker in landwirtschaftlicher Tätigkeit das Erforderliche für Schaffung solcher Wohnungen und Eigenheimen angeordnet worden. DurchfBehörden sind in Preußen die RegPräsidenten, sonst die obersten Landesbehörden. Sämtliche erforderlichen Rechtsvorgänge sind nach § 14 der VO. u. a. auch von der GrESteuer befreit. Auf Antrag haben die DurchfBehörden oder die Preuß. Landesrentenbank (die die erforderlichen Darlehen gewährt) zu bescheinigen, daß der Rechtsvorgang oder die Urkunde zur Schaffung und Einrichtung der Wohnungen und Heime erforderlich ist. Wenn Bedenken gegen die Freistellung bestehen, darf die Steuerbehörde die Bescheinigung nachprüfen (anders als bei § 29 RSiedlG., der das Nachprüfungsrecht ausschließt). Vgl. dazu DVR. 37, 56. Verzeichnis der DurchfBehörden s. RStBl. 37, 610 und DVR. 37, 85 und 130.

Durch die am 5. 2. 38 in Kraft getretene 2. DVO. über die beschleunigte Förderung des Baus von Heuerlingswohnungen usw. vom 27. 1. 38 (RGBl. I, 107) ist auch die steuerliche Befreiungsvorschrift erweitert worden. Nach § 5 Abs. 1 der 2. DVO. wird die der Preußischen Landesrentenbank (die beim Bau der Landarbeiterwohnungen eingeschaltet ist) gem. § 4 Ges. z. Förderung der landwirtschaftl. Siedlung vom 31. 3. 31 (RGBl. I, 122) zustehende Steuerfreiheit auch auf die Landarbeiterwohnungsvorhaben ausgedehnt. Nach § 5 Abs. 2 tritt die StBefreiung aus § 14 der VO. vom 10. 3. 37 (s. oben) bei Eigenheimen auch dann ein, wenn das Ankaufsrecht durch das Reich (§ 11 Abs. 2 der VO. vom 10. 3. 37) ausgeübt oder das Eigenheim durch das Reich oder auf Betreiben der DurchfBeh. durch den Eigentümer weiterveräußert wird. Nach § 5 Abs. 3 können die Bescheinigungen über die Steuerfreiheit auch von den nachgeordneten staatlichen Kreisbehörden und den vom RArbMin. bestimmten Verfahrensträgern abgegeben werden. Im Benehmen mit RdF. kann RArbMin. auch anordnen, daß für bestimmte Steuerarten nur eine einzige der befugten Stellen die Bescheinigungen abgibt. S. im einz. Erläut. im RArbBl. 38 I, 53 und DVR. 38, 39.

Zu 19 S. 283. Bereitstellung von Kleingärten. Die Vorschriften der VO. vom 23. 12. 31 wurden den tatsächlichen Verhältnissen angepaßt und neu gefaßt in der Bekanntmachung vom 15. 1. 37 (RGBl. I, 17). Gestrichen wurde der Zusatz „für Erwerbslose". Auch Art. 4 n. F. ordnete — wie bisher — die Anwendung des §29 RSiedlG. an; s. auch E. 18.

Nunmehr sind an die Stelle früherer Richtlinien die Bestimmungen über die Förderung von Kleingärten vom 22. 3. 38 (Reichsanzeiger Nr. 74/38, RArbBl. 38 I, 95) getreten. Nr. 26 Abs. 1 der Bestimmungen wiederholt, daß alle Geschäfte und Verhandlungen, die zur Durchführung der Bereitstellung von Kleingärten dienen, soweit sie nicht im Weg des ordentlichen Rechtsstreits vorgenommen werden, von allen Gebühren und Steuern des Reichs, der Länder und der sonstigen öffentlichen Körperschaften befreit sind. Nach Nr. 26 Abs. 2 ist (wie bisher) Gebühren- und Steuerfreiheit durch die zuständige Behörde ohne weitere Nachprüfung zuzugestehen, wenn der Träger des Vorhabens versichert, daß das Vorhaben als Bereitstellung von Kleingärten im Sinne der gesetzlichen Vorschriften anzusehen ist und daß der Antrag oder die Handlung, für die die Befreiung in Anspruch genommen wird, zur Durchführung des Vorhabens erfolgt. Die Versicherung unterliegt nicht der Nachprüfung durch die Steuerstellen.

S. auch die VO. z. Ändg. von Vorschriften über Kleinsiedlungen und Kleingärten vom 26. 2. 38 (RGBl. I , 233).

b) Andere Befreiungen (S. 283 ff.).

Zu 21 S. 283. Wasser- und Bodenwirtschaft. Die VO. vom 22. 8. 22 ist gegenstandslos geworden. Zur einheitlichen Ordnung der Gewässer ist das WasserverbandsGes. vom 10. 2. 37 (RGBl. I 188) und die erste WasserverbandsVO. vom 3. 9. 37 (RGBl. I, 933) erlassen und am 1. 1. 38 in Kraft getreten. Dem neuen Recht unterliegen die bereits bestehenden, auf Reichs- oder Landesrecht oder Herkommen beruhenden Wasserverbände, Wassergenossenschaften, Deichverbände, Köge,

Sielverbände, Schleusenverbände, Wiesenverbände, Bodenverbesserungsgenossenschaften, Ödlandsgenossenschaften, Bodenkulturgenossenschaften u. dgl. (alte öffentl.-rechtl. Verbände), die auf Grund der VO. umgewandelten, vordem privatrechtlichen Verbände und die neu zu gründenden Verbände (§ 1 VO.). Die Verbände sind berechtigt, ihre Aufgaben (Ordnung der Gewässer, Verhütung von Wasserschäden, Ausnutzung des Wassers) auf den Grundstücken ihrer dinglichen Mitglieder (d. h. der jeweiligen Grundstückseigentümer), ggf. auch auf andern Grundstücken durchzuführen (§§ 22 f. VO.). Ggf. kann die Aufsichtsbehörde (in Preußen: Landrat, in Hamburg und Bremen der Landherr, sonst die dem preuß. Landrat entsprechende Stelle) den Erwerb von Grundstücken und Grundstücksrechten — ggf. mit Zustimmung der oberen Aufsichtsbehörde (Preußen und Bayern: Reg.-Präs.; Sachsen: Kreishauptmann; Hamburg: Baubehörde; Saarland: Reichskommission; sonst oberste Landesbehörde) im Enteignungsweg (§§ 312, 112 und 114 VO.) — aufgeben, wenn das Verbandsunternehmen sonst nicht zweckmäßig durchgeführt werden kann oder die billige Rücksicht auf den Grundeigentümer oder den Berechtigten es erfordert. (§§ 29 f.) Um den Grunderwerb zu erleichtern, darf die von dem Fachminister bestimmte Behörde, für den freiwilligen Erwerb von Eigentum und andern Rechten an dem zum Wasser- und Bodenverband gehörenden Grundstücken (§ 3 Nr. 1 VO.) durch den Verband Verträge und Verhandlungen beurkunden, auch Auflassungen entgegennehmen. Die Niederschrift der Behörde hat die Kraft einer gerichtlichen oder notariellen Urkunde (§ 37 VO.).

§ 40 VO. lautet:

§ 40

Freiheit von Steuern.

(1) Der Erwerb von Grundstücken

a) durch den Wasser- und Bodenverband zur Durchführung seiner Aufgabe,

b) durch Personen, deren Grundstücke durch das Unternehmen des Verbandes eine unwirtschaftliche Form erhalten, zur besseren Formung ihrer Grundstücke

ist von der Grunderwerbsteuer einschließlich der Zuschläge und der Wertzuwachssteuer befreit.

(2) Die Befreiung kann von der Steuerbehörde ohne Nachprüfung zugestanden werden, wenn die Aufsichtsbehörde des Verbandes bescheinigt, daß

zu a) der Erwerb der Durchführung der Aufgabe des Verbandes dient,

zu b) Grundstücke des Erwerbers, die durch das Unternehmen des Verbandes eine unwirtschaftliche Form erhalten, durch den Erwerb besser geformt werden.

Zu Abs. 1. Unter a fallen nicht nur Enteignungen für das Unternehmen nach § 30 f. VO., sondern auch jeder freiwillige Erwerb des Wasser- und Bodenverbandes zur Durchführung seiner Aufgabe (s. auch §§ 37—39 VO.). Zur Erfüllung der Aufgabe des Wasser- und Bodenverbandes gehört es auch, wenn der Verband das Restgrundstück eines örtlich oder wirtschaftszusammenhängenden Grundbesitzes enteignet oder auch im freien Verkehr übernimmt, weil ein anderes Stück für das Verbandunternehmen in Anspruch genommen wird und infolgedessen das Reststück nicht mehr zweckmäßig benutzt werden kann (§ 31 VO.). Entsprechend ihrem Zweck wird die Befreiungsvorschrift auch auf Grundstücksübergänge bei der Umwandlung eines priv. Verbandes in einen öffentl. Verband (§ 1 Abs. 1 Ziff. 2 und § 151 VO.) angewendet werden können. Dagegen Steuerpflicht für Grundstücksübergänge bei Auflösungen nach §§ 177 f. VO.; s. auch Meißner DVR. 37, 125.

Zu Abs. 2. Die Steuerbehörde kann nach ihrem Ermessen (§ 2 StAnpG.) entweder das Vorliegen der Befreiungsvoraussetzung selbst nachprüfen oder ohne eigene Prüfung Befreiung auf Grund einer entsprechenden Bescheinigung der Aufsichtsbehörde gewähren.

Zu 31 S. 285. Landabgabe bei Regelung der landwirtschaftlichen Schuldverhältnisse. Durch die 9. VO. zur Durchführung der landwirtschaftlichen Schuldenregelung vom 24. 11. 37, RGBl. I, 1305, sind auch die Vorschriften über die Art der Landabgaben oder sonstiger zur Durchführung der Entschuldung notwendiger Landverkäufe geändert worden. Nach Art. 12 Abs. 5 dieser VO. verbleibt es bei der Steuerfreiheit aus § 70 des Ges. vom 1. 6. 33 (RGBl. I, 331, insbes. 340). Siehe auch unten zu 32.

Zu 32 S. 285. Landabgabe im Osthilfeentschuldungsverfahren. Nach Art. 41 der 9. VO. zur Durchführung der landwirtschaftlichen Schuldenregelung vom 24.11.37, RGBl. I, 1305, gelten die neuen Vorschriften dieser VO., die u. a. auch die Art der Landabgaben und die sonstigen zur Durchführung der Entschuldung notwendiger Landverkäufe betreffen, sinngemäß auch für das Osthilfeentschuldungsverfahren. Steuerlich hat sich nichts geändert; vgl. Art. 12 Abs. 5 der VO. und oben zu 31.

Die Befreiung gilt auch dann, wenn landwirtschaftlich genutzte Flächen mit darauf befindlichen Gebäuden (Schloß, Wirtschaftsgebäude usw.) oder bei landwirtschaftlichen Großbetrieben sogar eines von mehreren Gütern des zu Entschuldenden veräußert werden müssen (U. 9. 10. 36 II A 70/36 RFH. 40, 89 = StW. 36 Nr. 514 und I, 1595 = Kart. R. 30 zu § 8 Allg. = RStBl. 36, 1134 = DVR. 37, 26: die Befreiung ist eine sachliche; gleichgültig ist, wer die Steuer wirtschaftlich zu tragen hat).

Zu 33 S. 286. Landbeschaffung der Wehrmacht. Der RE. des RFMin. vom 30. 10. 35 S. 4504 — 133 III (Billigkeitsvergünstigungen nur beim Erwerb von Ersatzgrundstücken durch Bauern und Landwirte) ist durch RE. des RFMin. vom 18. 1. 37 S. 4504 — 185 III (RStBl. 37, 77) ausgedehnt worden:

a) auf den Erwerb von Ersatzgrundstücken durch Abfindungsberechtigte, die nicht Bauern oder Landwirte sind (Handwerker, Gewerbetreibende, Landärzte, Landarbeiter usw.) und auf den Erwerb durch Abfindungsberechtigte, die neben ihrem landwirtschaftlichen Betrieb noch ein Gewerbe haben (z. B. eine Gastwirtschaft), schließlich auf den Erwerb durch Beamte, Rentner, Angestellte, Arbeiter, die als Folge der Abtretung ihres Grundstücks ihre Wohnung aufgeben müssen und zu Wohnzwecken ein anderes Grundstück erwerben;

b) auf den Erwerb eigner landwirtschaftlicher Betriebe durch Pächter landwirtschaftlicher Besitzungen, die ihr Pachtverhältnis infolge der Landbeschaffung für Zwecke der Wehrmacht haben vorzeitig auflösen müssen.

Voraussetzung für eine Steuervergünstigung ist wie bei Bauern und Landwirten auch hier, daß die Abfindungsberechtigten durch die Hergabe ihres Grundstücks oder eines Teils oder durch die vorzeitige Auflösung des Pachtverhältnisses in ihrem wirtschaftlichen Bestand gefährdet sind. Der Steuererlaß erfolgt auch hier nur insoweit, als das Entgelt für das Ersatzgrundstück die Barentschädigung für das an die Wehrmacht abgegebene Grundstück oder die für die vorzeitige Auflösung des Pachtverhältnisses erhaltene Entschädigung nicht übersteigt.

Es genießen also nunmehr sämtliche Abfindungsberechtigte die Vergünstigung beim Erwerb von Ersatzgrundstücken. Neu ist ferner, daß die frühere Einschränkung, für hingegebenen landwirtschaftlichen Grundbesitz müsse nur wieder landwirtschaftlicher Grundbesitz erworben sein, im RE. vom 18. 1. 37 ausdrücklich aufgegeben ist. Über den StErlaß (ggf. die StErstattung) entscheiden ausschließlich die Verwaltungsbehörden, in erster Instanz die Finanzämter (Grunderwerbsteuerstellen); die Steuergerichte können nicht angerufen werden; s. U. 10. 3. 38 III 133/37 S über die Bedeutung von Billigkeitserlassen des RdF., s. auch Handb. S. 518 Anm. 18 und S. 593 Anm. 1.

Die Billigkeitsmaßnahmen des RE. vom 30. 12. 35 galten nur bei Landvorhaben, die nach den allgemeinen Vorschriften durchgeführt werden (Handb. S. 286 letzter Abs.). Der neue RE. gilt, wie in ihm ausdrücklich erklärt wird, auch bei den Vorhaben, die nach der Sonderregelung im LandbeschG. durchgeführt werden (s. Handb. S. 286 Anm. 33 erster Abs.), d. h., soweit nicht die gesetzlichen Befreiungsvorschriften schon ausreichen; Anwendungsbeispiel: Erwerb von Ersatzgrundstücken durch Pächter.

Das LandbeschG. tritt am 1. 4. 1940 außer Kraft, gilt aber für dann bereits in der Durchführung begriffene Vorhaben noch bis zu deren Abwicklung (ÄndG. vom 12. 4. 38, RGBl. I, 387).

Neue Anm. 37. Neugestaltung deutscher Städte. Durch Ges. v. 4. 10. 37 (RGBl. I, 1054) ist die Grundlage für die städtebaulichen Maßnahmen in Berlin, München, Nürnberg, Hamburg geschaffen worden. Das Ges. gibt die Möglichkeit, Grundeigentum (einschl. der dinglichen Rechte, der Nutzungsrechte u. ä.) den Berechtigten zu entziehen oder das Eigentum zu beschränken. Ggf. erfolgt Enteignung zugunsten der Gemeinde, die Weiterübertragungsrecht bei später nicht verwendbaren Grundstücken hat (§ 9 Abs. 3); es kann auch ein Umlegungsverfahren eingeleitet werden. Nach § 13 Abs. 2 des Ges. sind u. a. auch von der Grunderwerbsteuer nebst Zuschlägen befreit „der Erwerb und die erstmalige Weiterveräußerung (§ 9 Nr. 3) von Grundstücken einschließlich Zubehör, die zur Durchführung der städtebaulichen Maßnahmen erforderlich sind". Der Erwerb von Ersatzgrundstücken durch die abgefundenen Eigentümer ist nicht in die BefrVorschrift aufgenommen worden; er liegt außerhalb der Durchführung der städtebaulichen Maßnahmen, ähnlich wie beim SiedlVerfahren (vgl. RFH. StW. 32 Nr. 35 bei 7 zu § 29 RSiedlG.; Handb. S. 276).

Vgl. auch die ergänzende VO. über die Neugestaltung der Reichshauptstadt Berlin vom 5. 11. 37 (RGBl. I, 1162).

Neue Anm. 38. Landbeschaffung für Zwecke der Reichswerke AG. für Erzbergbau und Eisenhütten „Hermann Göring". Nach der VO. vom 20. 12. 37 (RGBl. I, 1409) sind auf die Beschaffung des Landes, das für die Errichtung der Reichswerke sowie für ihre Nebenanlagen und Wohnsiedlungen und für die dadurch notwendige Umsiedlung erforderlich wird, das Gesetz über die Landbeschaffung für Zwecke der Wehrmacht vom 20. 3. 35 (RGBl. I, 467) und seine DB. entsprechend anzuwenden. Es finden damit auch die Steuerbefreiungen des § 7 LandbeschG. und des § 33 der DVO. vom 21. 8. 35 Anwendung; näheres s. Handb. S. 286 Anm. 33 erster Abs. In den Fällen, in denen die gesetzlichen Befreiungsvorschriften nicht ausreichen, z. B. beim Erwerb von Ersatzgrundstücken durch Pächter, werden wohl auch die Billigkeitsmaßnahmen des RE. vom 18. 1. 37 S. 4504 — 185 III (RStBl. 37, 77) sinngemäß angewendet werden können; näheres s. E. 33, oben.

Neue Anm. 39. Deutsches Rotes Kreuz. Wenn bei dem durch das Ges. über das Deutsche Rote Kreuz vom 9. 12. 37, RGBl. I, 1330, angeordneten Zusammenschluß der bisherigen Roten Kreuz-Organisationen zur neuen Einheit „Deutsches Rotes Kreuz" Grundstücksübertragungen auf diese neue Einheit notwendig werden, bleibt die dabei fällig werdende Grunderwerbsteuer nebst Zuschlägen aus Billigkeitsgründen unerhoben. RFM. RE. 29. 12. 37 S. 2503 — 45 III (RStBl. 38, 65).

§ 11

Einheitswert.

Zu 6 S. 293. Wirtschaftliche Einheit, letzt. Abs.: § 215 Abs. 4 AO., ist inzwischen in den neuen § 216 AO. eingearbeitet worden (§ 28 Ziff. 42 EGRealStG.).

Zu 8 S. 294. Gesonderte Feststellung der Einheitswerte für wirtschaftliche Einheiten und Untereinheiten. § 214 AO. ist inzwischen mit § 21 RBewG. in Einklang gebracht worden; Fass. gem. § 28 Ziff. 42 EG.RealStG.

Zu 10 Abs. 1 S. 295. Neufeststellung. Die Neufassung von § 22 Abs. 1 RBewG. durch § 30 Ziff. 2 EG.RealStG. („Abweichung" statt „Wertänderung" in § 22 Abs. 1 S. 2 RBewG.) stellt klar, daß die Neufeststellung (künftig Wertfortschreibung) keine Änderung des Einheitswerts voraussetzt; (U. 31. 3. 38 III 303/37 RFH. 43, Nr. 135 und Seweloh StW. 38 I, 678; ebenso RdF. 25. 4. 36 S. 3300 — 650 III C I (RStBl. S. 426).

Feststellungszeitpunkt bei einem mit dem Kalenderjahr übereinstimmenden Geschäftsjahr ist sowohl bei der Hauptfeststellung als auch bei der Neufeststellung der Beginn des 1. Januar und nicht der Schluß des 31. Dezember, so U. 16. 12. 37 III 81/37 = StW. 38 Nr. 87 = JW. 38, 985 = Kart. RBewG. 34 § 22 Abs. 2 R. 1 und Seweloh StW. 38 I 270.

Zu 11 S. 296. Keine Nachfeststellungen bei Änderung der Eigentumsverhältnisse (Abs. 1 Fälle c und d); § 23 RBewG. i. d. F. von § 30 Ziff. 2 EG.RealStG. Wechselt der Eigentümer (z. B. eines Grundstücks), so gilt der Feststellungsbescheid auch gegen den Rechtsnachfolger, auf den das Grundstück nach dem Feststellungszeitpunkt übergeht (§ 219 Abs. 2 AO.

i. d. F. von § 28 Ziff. 44 EG.RealStG.). Der Feststellungsbescheid wird aber durch einen neuen Feststellungsbescheid (Fortschreibungsbescheid) ersetzt (§ 225a Abs. 1 Ziff. 2 i. d. F. von § 28 Ziff. 45 EG.RealStG.).

Zu 14 Abs. 3 S. 299. Land- und Forstwirtschaft. Eine landw. Brennerei, in der auch Trinkbranntwein hergestellt und abgesetzt wird, ist regelmäßig ein selbständiger gewerblicher Betrieb; U. 23. 9. 37 III A 113/37 StW. 37 Nr. 565 und I, 1344 (Seweloh) = RStBl. 38, 1299 = Kart. RBewG. 34 § 29 Abs. 5 R. 1; s. auch U. 14. 12. 33 III A 161/33 RFH. 35, 1 = StW. 34 Nr. 161 und I, 229 (Seweloh) = RStBl. 34, 134 = Kart RBewG. 31 § 28 Abs. 1 R. 34.

Zu 15 S. 299. Bewertung land- und forstwirtschaftlichen Vermögens. Über die Bewertung forstwirtschaftlicher Betriebe, insbes. über die Bedeutung von Vergleichsbetrieben s. U. 26. 8. 36 III A 42/36 StW. 36 Nr. 516 und I, 1566 (Seweloh) = RStBl. 36, 1079 = Kart. RBewG. 34 § 45 Abs. 3 R. 1 und U. 22. 4. 37 III A 17/37 StW. 37 Nr. 337 = Kart. RBewG. 34 § 74 Abs. 1 Ziff. 1 R. 3 bei E. 41 zu § 11 (keine Berücksichtigung von Holzlasten bei der Einheitsbewertung), über die Bewertung gärtnerischer Betriebe, Baumschulen, Obstbaubetriebe s. RdF. 19. 6. 37 S. 3167 — 210 III RStBl. 37, 743.

Zu 17 S. 301. Begriff und Abgrenzung des Grundvermögens. Ein landwirtschaftliches Herrenhaus, das völlig aus dem Rahmen aller andern Gutshäuser der Umgebung herausfällt, kann auch dann als Grundvermögen bewertet werden, wenn es der Leitung und dem Betrieb der Landwirtschaft dient und auf dem Gut kein sonstiges ausreichendes Gutshaus vorhanden ist; U. 8. 10. 36 III A 123/36 StW. 36 Nr. 515 und I, 1565 (Seweloh) = RStBl. 36, 1126 = Kart. RBewG. 34 § 29 Abs. 1 R. 7; ebenso auch bei Erbhof-Eigenschaft des landwirtschaftlichen Betriebs (U. 29. 10. 36 III A 175/36 StW. Nr. 564 und I, 1699 (Seweloh) = RStBl. 36, 1128 = Kart. RBewG. 34 § 30 Abs. 1 R. 1).

Zu 18 S. 302. Bewertung des Grundvermögens. Ein bebautes Grundstück, das am Feststellungsstichtag zu Wohnzwecken vermietet war, ist stets als Mietwohngrundstück zu bewerten, auch wenn es zur Benutzung als Betriebsgrundstück im Bedarfsfall vorgesehen ist (U. 22. 4. 37 III A 228/36 StW. 37 Nr. 338 und I, 660 (Seweloh) = RStBl. 37, 823 = Kart. RBewG. 34 § 59 Abs. 1 R. 11, 12). Über die Bewertung von Mietwohngrundstücken s. auch U. 9. 4. 37 III A 30/37 StW. 37 Nr. 339 und I, 663 (Seweloh) = RStBl. 37, 634 = Kart. RBewDB. 1935 § 33 Abs. 4 R. 1 (Berücksichtigung der Belastung mit Gebäudeentschuldungssteuer), sowie U. 22. 4. 37 III A 228/36 StW. 37 Nr. 338 = RStBl. 37, 823 = Kart. RBewG. 34 § 59 Abs. 1 R. 11, 12 und U. 9. 4. 37 III A 50/37 StW. 37 Nr. 341 und I, 662 (Seweloh) = RStBl. 37, 823 = Kart. RBewDB. 1935 § 37 Abs. 4 R. 1, (Ermäßigung wegen Bergschadensgefahr; s. Seweloh StW. 37, I, 662); wegen der Bewertung nach der üblichen Miete bei „persönlichen oder wirtschaftlichen Beziehungen“ s. U. 14. 10. 37 III A 264/37, 7. 10. 37 III A 200/37 und 14. 10. 37 III A 190/37, StW. 37 Nr. 569, 570 und 571 und I, 1346 (Seweloh) = RStBl. 37, 1270, 1271 = Kart. RBewDB. 1935 § 34 Abs. 4 R. 1, 2, 3.

„Geschäftsgrundstück“ ist nicht gleichbedeutend mit „Betriebsgrundstück“). **Wenn ein Betriebsgrundstück Angestellten des Betriebs als Woh-**

nung dient, ist es nicht als „Geschäftsgrundstück", sondern als „Mietwohngrundstück" oder als „gemischtgenutztes" Grundstück zu bewerten (U. 21. 10. 37 III A 261/37 StW. 37 Nr. 644 und I, 1505 (Seweloh) = JW. 38, 409 (Meilicke) = RStBl. 38, 275 = Kart. RBewDB. 1935 § 32 Abs. 1 R. 1). Über die Ermittlung des gemeinen Werts von Fabrik-, Hotel- und Warenhausgrundstücken und ähnlichen Geschäftsgrundstücken nach dem sog. Weilschen Verfahren s. insbes. RdF. 23. 2. 35 S 3231 A — 330 III RStBl. 35 S. 350, Baurat Weil DStZ. 35, 1437, U. 9. 12. 37 III 284/37 StW. 38 Nr. 88 und I, 269 (Seweloh) = RStBl. 38, 78 = Kart. RBewG. 34 § 54 Abs. 1 R. 24 (s. auch StW. 32 I, 693). Nach U. StW. 38 Nr. 88 ist unter einem „Betrieb", dessen Stillegung einen Abschlag nach RdF. vom 24. 12. 35 S 3231 A — 630 III (RStBl. 35 S. 1559) rechtfertigt, nicht die wirtschaftliche Einheit des gewerblichen Betriebes i. S. des RBewG. zu verstehen, sondern in der Regel ein selbständiger Teil des Gesamtbetriebs, der einen besonderen „Industriezweig" bildet, d. h. zu einer besonderen „Wirtschafts- oder Fachgruppe" gehört. Zum Begriff der „Jahresrohmiete" s. U. 24. 9. 36 III A 107/35 StW. 36 Nr. 491 und I, 1572 (Seweloh) = Kart. AuflG. § 2 Abs. 2 R. 122, 123 (Markthallengrundstück) und U. 26. 5. 37 III A 82/37 StW. 37 Nr. 392 und I, 781 (Seweloh) = RStBl. 37, 987 = Kart. RBewDB. 1935 § 33 Abs. 2 R. 1 (Garagengrundstück).

Wegen der Ermittlung des Bodenwerts als des Mindestwerts i. S. von § 40 RBewDB. s. U. 31. 3. 38 III 228/37 StW. 38 Nr. 258 u. I, 675 (Seweloh).

Keine Minderbewertung nach § 41 Abs. 3 RBewD.B von Erholungs- und Ferienheimen von Berufsvereinigungen, in denen den Vereinsmitgliedern und in beschränktem Umfang auch anderen Personen eine preiswertere Unterkunft und Verpflegung als in anderen Erholungsstätten geboten wird, U. 7. 10. 37 III A 198/37 StW. 37 Nr. 572 und I, 1347 (Seweloh) = JW. 38, 265 = Kart. RBewDB. 1935 § 41 Abs. 3 R. 2, und von Grundstücken der DAF., die Schulungszwecken dienen; U. 14. 10. 37 III 14/37 StW. 37 Nr. 508 und I, 1347 (Seweloh) = RStBl. 37, 1216 = JW. 38, 265 = Kart. RBewDB. 1935 § 41 Abs. 3 R. 1.

Zu 19 S. 302. Erbbaurechte. Wenn bei Bestellung eines Erbbaurechts das Gebäude bereits vorhanden war und nach Beendigung des Erbbaurechts an die Grundeigentümer wieder zurückzugeben ist, ist dem Grundeigentümer ein entsprechender Anteil am Gebäudewert zuzurechnen (U. 15. 7. 37 III A 104/37 StW. 37 Nr. 482 und I, 1083 = RStBl. 37, 994 = Kart. RBewG. 34 § 50 Abs. 2 R. 1.).

Zu 22 S. 305. Gewerbeberechtigungen. Über das preuß. vererbliche und veräußerliche Apothekenbetriebsrecht s. E. 40 bei § 11.

Zu 23 S. 306. Teilwert. Über die Übernahme des bei der EinkSt. richtig berechneten Teilwerts für die Einheitsbewertung s. RdF. 25. 6. 36 S 3300 — 670 III (RStBl. 36, 721) und vom 6. 2. 37 S 3101 — 30 III (RStBl. 37, 265). Zum Begriff des Teilwerts s. auch U. 19. 1. 38 VI 533/36 RFH. 43, 93 = StW. 38 Nr. 64 und I, 250 (Becker) = RStBl. 38, 179 = Kart. EinkStG. 34 § 6 Ziff. 1 R. 39 und U. 16. 2. 38 VI A 41/37 StW. 38 Nr. 180 u. I, 491 (Becker) = Kart. EinkStG. 38 § 6 Ziff. 1 S. 3 R. 4.

Zu 37 S. 314. Grundstücke ohne Einheitswert. Die Stichtagsbewertung einer öffentlichen Straße ohne Einheitswert auf 0 RM., weil eine öffentliche Straße eine dem Wirtschaftsverkehr entzogene Sache sei und keinen Wert haben könne, lehnt RFH. in dieser Allgemeinheit mit Recht ab. Dies könne jedenfalls dann nicht gelten, wenn eine solche Straße zum Gegenstand eines Rechtsgeschäfts gemacht sei, für das GrESteuerpflicht in Frage kommen könne (U. 22. 10. 36 III A 136/36 bei E. 39).

Zu 39 S. 315. Verfahren. Die Frage der Grunderwerbsteuerpflicht ist nicht im Stichtagsbewertungsverfahren zu entscheiden, sondern im GrESt.-Veranlagungsverfahren, ggf. im Rechtsmittelverfahren gegen den Grunderwerbsteuerbescheid (U. 22. 10. 36 III A 136/36 RFH. 40, 139 = StW. 36 Nr. 561 und I, 1704 (Sewelch) = RStBl. 36, 1134 = DVR. 36, 184 = Kart.VO. ü. Werterm. bei der GrErwSt. 1933 § 5 R. 1, 2: im Rechtsmittelverfahren gegen die Stichtagbewertung war eingewendet worden, daß keine Steuerpflicht bestehe und eine Stichtagwertfestsetzung nicht in Frage käme).

Zu 40 S. 315. Werterhöhende Eigenschaften des Grundstücks. U. 17. 9. 37 II A 356/36, StW. 37 Nr. 511 und I, 1218 = RStBl. 37, 1162 = JW. 37, 3268 (Meilicke) = Kart. GrErwStG. § 11 R. 3 (Fassung vom 1. 12. 30) = DVR. 37, 176 bestätigt RFH. 33, 116: Auch nach Wiedereinführung des bürgerlich-rechtlichen Grundstücksbegriffs ist die Veranlagungsbehörde an die Beurteilung der Bewertungsbehörde gebunden. Da das Apothekenbetriebsrecht und die stillen Werte (Kundschaft, Geschäftswert u. dgl.) nicht in den Einheitswert des Grundstücks einbezogen, sondern als bewegliches Betriebsvermögen bewertet sind (s. 22 zu § 11), scheiden sie für die GrESt. aus, und zwar auch dann, wenn nach § 12 der Veräußerungspreis der Besteuerung zugrunde zu legen ist (s. auch E. 52 zu § 1 und E. 3 zu § 12).

Zu 41 S. 316. Grundstückslasten. Nicht in einem die Abzugsfähigkeit bei der Einheitsbewertung rechtfertigenden innern Zusammenhang mit dem land- oder forstw. Betrieb stehen z. B. Patronatslasten, U. 11. 2. 37 III A 199/36 RFH. 41, 67 = StW. 37 Nr. 218 und I, 454 (Sewelch) = RStBl. 37, 532 = Kart. RBewG. 34 § 74 Abs. 1 Ziff. 1 R. 2, ferner auf geschichtlicher Entwicklung beruhende Holzlasten, U. 22. 4. 37 III A 17/37 StW. 37 Nr. 337 = RStBl. 37, 634 = Kart. RBewG. 34 § 74 Abs. 1 Ziff. 1 R. 3; s. Sewelch StW. 37 I, 657, auch darüber, ob die Eigentumsbeschränkungen nach dem RHeimstG. vom 24. 11. 37, RGBl. I S. 1289 (insbes. Vorkaufsrecht, Heimfallanspruch) noch weiter entsprechend bish. Rechtsprech. wertmindernd beim Heimstättengrundstück sein können.

§ 12

Besteuerung nach dem Veräußerungspreis.

Zu 3 c S. 320. Einheitlichkeit des Gegenstandes von Preis und Bewertung. Für Veräußerung einer preußischen Apotheke mit veräußerlichem und vererblichem Betriebsrecht ist RFH. 33, 116 durch U. 17. 9. 37 II A 356/36 StW. 37 Nr. 511 u. I, 1218 bestätigt (s. E. 40 zu § 11).

Zu 9 a S. 324. Abgeltung von Geschäftswert, von stillen Werten als selbständige Nebenleistungen s. E. 40 bei § 11.

§ 15

Gesamthandgemeinschaften.

Zu 17 S. 373. Anteil gleich oder unter Null. Nach U. 2. 10. 36 II A 60/36 StW. 36 Nr. 98 = RStBl. 36, 1085 = DVR. 35, 169 = Kart. R. 11 zu § 15 Abs. 1 kommt es lediglich auf das gegenseitige Verhältnis der Gesamthänder an, in dem sie im Fall der Auflösung am Aktiv- und Passivvermögen beteiligt sind; es ist unerheblich, ob ein Überschuß der Aktiven über die Passiven und damit im Endergebnis ein Gewinn oder Verlust herauskommt. Ist also z. B. für den Fall der Auflösung ein Beteiligungsverhältnis von 50:50 festgesetzt, so ist es für die Steuerberechnung auch dann maßgebend, wenn Überschuldung vorliegt. StW. 37 I, 229 habe ich meine andere Ansicht aufgegeben.

§ 19 a.

Einbringen in Kapitalgesellschaften.

Zu 6 S. 386. Gewährung von Gesellschaftsrechten. Entgegen meiner Ansicht versagt U. 25. 3. 37 II 265/37 StW. 38 Nr. 255 die Vergünstigung, wenn bei der Verschmelzung zweier AG. für den Übergang der Grundstücke der sich auflösenden AG. zurückerworbene alte Aktien der aufnehmenden AG. hingegeben worden, s. Ott StW. 38 I 657.

Zu 7 S. 386. Mischgeschäfte. Einbringungen, bei denen das Entgelt für das Grundstück nur teilweise in Gesellschaftsrechten und im übrigen in andern Leistungen, z. B. Bergrechten, Hypothekenübernahmen besteht, sind auch dann als steuerbegünstigte Einbringungen zu behandeln, wenn die Gewährung der Gesellschaftsrechte nicht die Hauptleistung darstellt; so entgegen Handb. S. 386 U. 14. 1. 38 II 185/37 StW. 38 Nr. 78 Kart. R. 5 unter Berufung auf RGZ. 51, 309; 53, 321; 68, 108, RFH. 13, 58 und RMdF. 14. 8. 25 III Rv. 10 355 Ziff. 4; s. i. einz. StW. 38 I, 289.

§ 21 Abs. 1

Erwerb durch Kriegsbeschädigte.

Zu 10 S. 399. Erwerb eines Grundstücks trotz Nichtbewilligung der Kapitalabfindung mangels Mittel; zu S. 400, letzter Absatz. Neuerdings sind Bescheinigungen der hier behandelten Art auch nachträglich ausgestellt worden; man wird in solchen Fällen die Erlaßanträge auch nach Rechtskraft des StBescheids zulassen müssen.

§ 23

Steuererstattung.

Zu 34 b S. 422. Rückerwerb. Die durch mehrere Anteilsübertragungen nach § 3 GrEG. begründete Steuerpflicht fällt nach § 23 Abs. 1 a Nr. 3 nur dann wieder weg, wenn mindestens eine Anteilsübertragung vollständig und nicht nur zum Teil rückgängig gemacht wird. **Beispiel:** Von den insgesamt 5 Geschäftsanteilen einer GmbH. besitzen ursprünglich A und B je zwei und C einen. D erwirbt zunächst die Anteile des A, dann die des B, dann den des C. Zur Erstattung der Steuer aus der Anteilsvereinigung genügt es nicht, wenn D nur den einen der zwei von A erworbenen Anteile fristgemäß an A zurücküberträgt; es müssen vielmehr beide Anteile an A fristgemäß übertragen werden; U. 21. 1. 38 II 293/37 StW. 38 Nr. 77 und I, 286 = RStBl. 38, 190 = JW. 38, 984 = DVR. 38, 53 in Klarstellung von RFH. StW. 34 Nr. 231 und I, 405.

Zu § 29 S. 426. An Stelle des § 210 Abs. 3, 4 AO. 34 ist § 210 b Abs. 1, 2 AO. in der Fassung des § 28 Nr. 39 EinfG. RealStG. getreten.

§ 30

Leistung der Steuer.

Zu 4 S. 427. Beitreibung und Niederschlagung. Wird Sicherheit durch Eintragung einer Sicherungshypothek geleistet, so ist als Hypothekengläubiger auch in Preußen, Sachsen, Anhalt der Reichsfiskus zu bezeichnen, denn nur dieser ist Steuergläubiger, da sowohl Steuer wie Zuschläge Reichssteuern sind; s. 2 zu § 36 und 2 zu § 38 FAG.

Durchführungsbestimmungen zum Grunderwerbsteuergesetz (GrEDB)

§ 22

Steuerbescheid.

Zur Überschrift und zu Anm. 3 (S. 458). § 210 Abs. 3 AO. 34 ist jetzt § 210 b Abs. 1 AO. in der Fassung des § 28 Nr. 39 EinfG. RealStG.

Zu 4 S. 459. Rechtsmittelverfahren. In der Reichshauptstadt Berlin ist durch § 12 des Ges. über die Verfassung und Verwaltung der Reichshauptstadt Berlin vom 1. 12. 36 (RGBl. I, 957) ab 1. 1. 37 als Rechtsmittel gegen die Entscheidung der Bezirksbürgermeister an die Stelle des Einspruchs die Beschwerde an den Oberbürgermeister getreten. Dies gilt auch für die in der AO. vorgesehenen Einsprüche. Dementsprechend ist auch nur der Oberbürgermeister befugt, die Einwilligung zur Sprungberufung in GrESt.-Sachen zu erklären; er gilt an Stelle des Bezirksbürgermeisters als Beteiligter im Verfahren über die Berufung und die Rechtsbeschwerde (U. 7. 1. 38 II 582/37 RFH. 43, 54 = StW. 38 Nr. 59 und I, 276, 290 = RStBl. 38, 54 = DVR. 38, 37).

Zweiter Hauptabschnitt

Die Vorschriften des

Finanzausgleichsgesetzes,

soweit sie mit der Grunderwerbsteuer zusammenhängen

(S. 465 ff. des Handbuchs)

B. Erläuterungen

§ 36 FinAusglG.

Aufteilung des Aufkommens.

Zu 2 S. 468. Steuer und Zuschläge als Reichssteuern s. E. 4 bei § 30 GrEG.

Zu 3 S. 468. Bezugsberechtigte. Nach Abschn. VI Abs. 1 der Grundsätze über den Finanz- und Lastenausgleich zwischen Ländern und Gemeinden (Gemeindeverbänden) vom 10. 12. 37 (RGBl. I, 1352; RStBl. 37, 1253) erhalten die Stadt- und Landkreise (Bezirke) spätestens mit Einführung einer neuen Kreisordnung durch das Reich den Länderanteil an der Grunderwerbsteuer. Die neue Kreisordnung ist in einem der nächsten Jahre zu erwarten. Spätestens von dann ab also erhalten die Stadt- und Landkreise (Bezirke) — abgesehen von dem Verwaltungskostenanteil des Reichs von 4% in den Ländern, in denen die FA. die Steuer verwalten — das volle Aufkommen.

§ 37 FinAusglG.

Zerlegung des Aufkommens.

Zu 3 S. 470. Zerlegungsverfahren. Die Vorschriften der §§ 382 ff. AO. über das Zerlegungsverfahren sind durch § 28 Nr. 71 ff. EG.RealStG. in einigen Punkten geändert worden. Beteiligt sind nach § 384 Nr. 2 AO. nur noch die Gemeinden, die Anspruch auf Zuteilung haben. Die Länder sind nicht mehr beteiligt, sind auch nicht mehr ggf. in den Fällen des § 385 AO. zu hören, ihnen wird auch nicht mehr der Inhalt des Zerlegungsbescheids mitgeteilt; § 386. Über die Kosten des Rechtsmittelverfahrens s. die ergänzenden Vorschriften des § 388a. Neu ist die Bestimmung des § 390 AO. n. F., wonach dann, wenn einer Gemeinde ein voller Steuerbetrag zusteht, aber Streit besteht, welches die berechtigte Gemeinde ist oder auf welche Zeit sich die Berechtigung erstreckt, im Zuteilungsverfahren auf Antrag der Gemeinde von der Steuerstelle durch Zuteilungsbescheid zu entscheiden ist.

§ 38 FinAusglG.

Zuschlagsrecht der Länder und Gemeinden.

Zu 2 S. 473. Allgemeines. Nach Abschn. VI Abs. 2 der neuen Grundsätze vom 10. 12. 37 (s. E. 3 bei § 36 FinAusglG.) erheben ab 1. April 1938 die Stadt- und Landkreise (Bezirke) die Zuschläge. Das Wort „erheben" ist im Sinn des § 38 FinAusglG. gebraucht, d. h. also, das Recht zur Erhebung von Zuschlägen steht dann nur noch den Gemeindeverbänden zu. An der Verwaltung der Zuschläge (s. Handb. S. 474) ändert sich nichts.

Zu 6 S. 474. Nichterhebung von Zuschlägen nach Abs. 3. Wegen der Vergünstigung auch für Eintragungen in KapGes., bei denen die Gegenleistung nur zum Teil in Gesellschaftsrechten besteht, s. U. 14. 1. 38 II 185/37 StW. 38 Nr. 78 und I, 289 bei E. 7 zu § 19a.

Zur Übersicht S. 476 ff. Wegen der Regelung der Zuschläge (dritte Spalte) ab 1. April 1938 s. E. 2 bei § 38 FinAusglG. Die Eintragungen unter Lübeck sind zu streichen; s. Ges. über Groß-Hamburg und andere Gebietsbereinigungen vom 26. 1. 37 (RGBl. I, 9). Es gilt das unter Preußen Gesagte; s. ÜberleitungsVO. vom 24. 3. 37, § 2 Abs. 3, Preuß. GesSg. S. 21.

Im Land Bayern ist Grundlage für die Verteilung des Aufkommens jetzt das bayr. AG. z. FinAusglG. vom 4. 2. 37, GVBl. S. 21, für die Regelung der Zuschläge das GemeindeAbgG. vom 4. 2. 37, GVBl. S. 16. Aufkommenverteilung und Zuschläge sind aber unverändert geblieben.

Dritter Hauptabschnitt

Die handelsrechtlichen und steuerlichen Erleichterungen bei der Umwandlung und Auflösung von Kapitalgesellschaften

A. Neue Gesetzestexte

(zu S. 479 ff. des Handbuchs)

VIII. Dritte Durchführungsverordnung zum Gesetz über die Umwandlung von Kapitalgesellschaften (DVO III)

vom 2. Dezember 1936 (RGBl. I S. 1003 und RStBl. 1936 S. 1196)

Artikel 1.

Geltungsdauer und Geltungsbereich des Umwandlungsrechts.

§ 1

Die Umwandlung von Kapitalgesellschaften nach dem Umwandlungsgesetz und seinen Durchführungsverordnungen kann bis zum 31. März 1939 beschlossen werden.

§ 2

Den Kapitalgesellschaften, die bis zum 1. Juli 1934 entstanden sind (§ 1 Abs. 2 des Gesetzes), stehen die Gesellschaften gleich, deren Gesellschaftsvertrag bis zu diesem Zeitpunkt gerichtlich oder notariell beurkundet worden ist.

Artikel 2.

Umwandlungsbilanz.

§ 3

Das Registergericht soll die Umwandlung in der Regel nur eintragen, wenn die der Umwandlung zugrunde gelegte Bilanz für einen Stichtag aufgestellt ist, der höchstens vier Monate vor dem Tage der Eintragung liegt.

Artikel 3.

Umwandlung durch Mehrheitsbeschluß.

§ 4

(1) Die Generalversammlung einer Aktiengesellschaft kann die Errichtung einer offenen Handelsgesellschaft, an der nur die zustimmenden Aktionäre als Gesellschafter beteiligt sind, und zugleich die Übertragung des Vermögens der Aktiengesellschaft auf die offene Handelsgesellschaft beschließen (Umwandlung durch Mehrheitsbeschluß).

(2) Die Vorschriften über die Umwandlung unter gleichzeitiger Errichtung einer offenen Handelsgesellschaft, an der alle Aktionäre als Gesellschafter beteiligt sind, finden entsprechende Anwendung, soweit sich nicht aus den folgenden Vorschriften etwas anderes ergibt.

§ 5

(1) Der Beschluß bedarf einer Mehrheit, die mindestens drei Viertel des bei der Beschlußfassung vertretenen Grundkapitals umfaßt. Er kann nur gefaßt werden, wenn der Gegenstand ordnungsmäßig mindestens zwei Wochen von dem Tage der Generalversammlung angekündigt worden ist.

(2) Umfaßt die Mehrheit nicht zugleich neun Zehntel des gesamten Grundkapitals, so bedarf der Beschluß zu seiner Wirksamkeit der Zustimmung nicht erschienener Aktionäre bis zur Erreichung dieser Mehrheit; die Zustimmung muß gerichtlich oder notariell beurkundet werden.

§ 6

(1) Die an der offenen Handelsgesellschaft nicht beteiligten Aktionäre haben Anspruch auf angemessene Abfindung unter Berücksichtigung des Wertes ihrer Aktien.

(2) Der Anspruch verjährt in fünf Jahren seit der Bekanntmachung der Eintragung des Umwandlungsbeschlusses.

§ 7

Auf die Umwandlung einer Aktiengesellschaft unter gleichzeitiger Errichtung einer Kommanditgesellschaft oder einer Gesellschaft des bürgerlichen Rechts sowie auf die Umwandlung einer Kommanditgesellschaft auf Aktien, einer Gesellschaft mit beschränkter Haftung oder einer bergrechtlichen Gewerkschaft unter gleichzeitiger Errichtung einer Personengesellschaft finden §§ 4 bis 6 entsprechende Anwendung.

§ 8

(1) Auf die Umwandlung einer Aktiengesellschaft durch Übertragung des Vermögens auf einen Gesellschafter (Hauptgesellschafter) oder auf eine bestehende offene Handelsgesellschaft oder Kommanditgesellschaft finden §§ 4 bis 6 entsprechende Anwendung.

(2) Die Umwandlung ist jedoch schon dann zulässig, wenn sich in der Hand des Gesellschafters oder der bestehenden offenen Handelsgesellschaft oder Kommanditgesellschaft mehr als drei Viertel des Grundkapitals befinden und ohne Rücksicht darauf, ob andere Gesellschafter der Umwandlung widersprechen oder zustimmen.

(3) Dies gilt sinngemäß für die Umwandlung einer Kommanditgesellschaft auf Aktien, einer Gesellschaft mit beschränkter Haftung oder einer bergrechtlichen Gewerkschaft durch Übertragung des Vermögens

auf einen Gesellschafter (Gewerken) oder auf eine bestehende offene Handelsgesellschaft oder Kommanditgesellschaft.

(§§ 9—19 schaffen ein besonderes Spruchverfahren zur Feststellung der den ausscheidenden Gesellschaftern zu gewährenden Abfindung.)

Artikel 4.

Schlußvorschriften.

§ 20

(1) Diese Verordnung tritt am 1. Januar 1937 in Kraft.

(2) Gleichzeitig treten Artikel 2 der Durchführungsverordnung zum Umwandlungsgesetz vom 14. Dezember 1934 (Reichsgesetzbl. I S. 1262) und Artikel 2 der Zweiten Durchführungsverordnung zum Umwandlungsgesetz vom 17. Mai 1935 (Reichsgesetzbl. I S. 721) außer Kraft.

IX. Vierte Durchführungsverordnung zum Gesetz über die Umwandlung von Kapitalgesellschaften (DVO IV)

vom 24. Juni 1937 (RGBl. S. 661 und RStBl. 1937 S. 753)

Artikel 1.

Geltungsdauer und Geltungsbereich des Umwandlungsrechts.

§ 1

Die Umwandlung von Kapitalgesellschaften nach dem Umwandlungsgesetz und seinen Durchführungsverordnungen kann bis zum 31. März 1941 beschlossen werden.

§ 2

Umgewandelt können Kapitalgesellschaften werden, die vor dem 1. Januar 1937 entstanden sind. Der Reichsminister der Justiz kann die Umwandlung später entstandener Gesellschaften zulassen.

Artikel 2.

Gläubigerschutz.

§ 3

(1) Hat ein Aktionär einer umzuwandelnden Aktiengesellschaft vor dem 1. Juni 1937 und bis zur Umwandlung als Mitglied des Vorstandes oder des Aufsichtsrats oder als Angestellter der Gesellschaft ein laufendes Arbeitsentgelt bezogen und wird die Aktiengesellschaft durch Übertragung des Vermögens auf ihn als Allein- oder Hauptgesellschafter umgewandelt, so steht das Entnahmeverbot des § 8 Abs. 2 des Umwandlungsgesetzes der Entnahme des dem gewährten Entgelt gleichkommenden Betrages nicht entgegen, soweit er im Kalendermonat 1000 Reichsmark nicht übersteigt; im Umwandlungsbeschluß ist anzugeben, in welcher Höhe von dem Entnahmerecht bis zu dem Zeitpunkt Gebrauch gemacht werden soll, in dem das übernommene Vermögen mit dem freien Vermögen des Aktionärs vereinigt werden darf.

(2) Abs. 1 gilt sinngemäß für die Umwandlung einer Aktiengesellschaft in eine Personengesellschaft, an der der Aktionär als persönlich haftender Gesellschafter beteiligt sein soll.

(3) Abs. 1 und 2 gelten sinngemäß für die Umwandlung einer Kommanditgesellschaft auf Aktien, einer Gesellschaft mit beschränkter Haftung und einer bergrechtlichen Gewerkschaft.

Artikel 3.

Umwandlung durch Mehrheitsbeschluß.

§ 4

(1) Soll eine Aktiengesellschaft durch Mehrheitsbeschluß umgewandelt werden, so sind spätestens zwei Wochen vor der Generalversammlung, die über die Umwandlung beschließen soll, allen Aktionären schriftlich mitzuteilen oder im Deutschen Reichsanzeiger und den sonst etwa bestimmten Gesellschaftsblättern bekanntzumachen:

1. die Bilanz, die der Umwandlung zugrunde gelegt werden soll,
2. ein Abfindungsangebot oder die Erklärung, daß der Antrag auf Feststellung der Abfindung im Verfahren vor der Spruchstelle gestellt werden soll.

(2) Dies gilt sinngemäß für die Umwandlung einer Kommanditgesellschaft auf Aktien und einer bergrechtlichen Gewerkschaft.

§ 5

(1) Ist eine Aktiengesellschaft, deren Aktien an einer deutschen Börse zum Handel zugelassen waren, durch Mehrheitsbeschluß umgewandelt worden, so muß der Antrag auf Feststellung der den ausscheidenden Aktionären zu gewährenden Abfindung durch die Spruchstelle (§ 12 der Dritten Durchführungsverordnung zum Umwandlungsgesetz) gestellt werden, wenn es der Reichswirtschaftsminister verlangt; dies gilt nicht, wenn die Umwandlung vor dem 1. Mai 1937 beschlossen worden ist.

(2) Dies gilt sinngemäß für die Umwandlung einer Kommanditgesellschaft auf Aktien und einer bergrechtlichen Gewerkschaft.

Artikel 4.

Schlußvorschriften.

§ 6

(1) Diese Verordnung tritt am 1. Juli 1937 in Kraft.

(2) Gleichzeitig treten die §§ 1 und 2 der Dritten Durchführungsverordnung zum Umwandlungsgesetz vom 2. Dezember 1936 (Reichsgesetzbl. I S. 1003) außer Kraft.

X. Vierte Durchführungsverordnung zum Umwandlungs-Steuergesetz (StDVO. IV.)

vom 2. Dezember 1936 (RGBl. I S. 1006 und RStBl. 1936 S. 1197)

Die Steuererleichterungen des Umwandlungs-Steuergesetzes und der Durchführungsverordnungen zu diesem Gesetz werden auch gewährt, wenn die Umwandlung oder Auflösung bis zum 30. Juni 1937 beschlossen wird. Dies gilt mit der Maßgabe, daß bei Umwandlungen oder Auflösungen, die nach dem 31. Dezember 1936 beschlossen werden, die Bewertungsfreiheit nach § 7 Absatz 1 Ziffer 1 Satz 2 der Zweiten Durchführungsverordnung nicht in Anspruch genommen werden darf:

1. für kurzlebige Wirtschaftsgüter im Sinn des § 6 Ziffer 1 Satz 4 des Einkommensteuergesetzes;
2. für Ersatzbeschaffungen im Sinn des Abschnitts II des Gesetzes zur Verminderung der Arbeitslosigkeit vom 1. Juni 1933 (Reichsgesetzbl. I S. 323).

XI. Fünfte Durchführungsverordnung zum Umwandlungs-Steuergesetz (StDVO. V)

vom 24. Juni 1937 (RGBl. I S. 662 und RStBl. 1937 S. 754)

§ 1

(betrifft Wertzuwachssteuer).

§ 2

Die Steuererleichterungen des Umwandlungs-Steuergesetzes und der Durchführungsverordnungen zu diesem Gesetz werden auch dann gewährt, wenn die Umwandlung oder Auflösung nach dem 30. Juni 1937, aber vor dem 1. Januar 1938 beschlossen wird. Dies gilt mit der Maßgabe, daß bei Umwandlungen oder Auflösungen, die nach dem 30. Juni 1937 beschlossen werden, als Stichtag an die Stelle des 1. Juli 1934 (§ 3 des Umwandlungs-Steuergesetzes, §§ 2, 4, 10, 12 der Zweiten Durchführungsverordnung dazu) der 1. Januar 1937 tritt.

B. Runderlaß des Reichsministers der Finanzen vom 25.9.37 S 2151 I — 390 III / S 5003 A — 64 III betr. Steuererleichterungen bei der Umwandlung und Auflösung von Kapitalgesellschaften (RStBl. 1937 S. 1095)

Die Vorschriften des Ges. über die Umwandlung von Kapitalgesellschaften vom 5. 7. 34 und die Vorschriften des Ges. über Steuererleichterungen bei der Umwandlung und Auflösung von Kapitalgesellschaften vom 5. 7. 34 sind durch eine Reihe von Durchführungsverordnungen, insbes. durch die Dritte und Vierte Durchführungsverordnung zum Ges. über die Umwandlung von Kapitalgesellschaften vom 2. 12. 36 und 24. 6. 37 sowie die Vierte und Fünfte Durchführungsverordnung zum Umwandlungs-Steuergesetz vom 2. 12. 36 und 24. 6. 37. mehrfach ergänzt und geändert worden. Dadurch sind meine bisherigen Runderlasse zum Umwandlungssteuerrecht zum Teil überholt. Im Hinblick auf die Verlängerung der Geltungsdauer des Umwandlungssteuerrechts bis zum 31. 12. 37 und um den Finanzämtern die Erfüllung der ihnen obliegenden Auskunftspflichten zu erleichtern, sind im vorliegenden Erlaß das zur Zeit geltende materielle Recht und die in den bisherigen Erlassen behandelten Zweifelsfragen zusammengefaßt. Dabei sind die Änderungen des Umwandlungsrechts und des Umwandlungssteuerrechts berücksichtigt. Die Erlasse vom 9. 3. 35 S 5003 A — 30 III, vom 28. 6. 35 S 5003 A — 38 III und vom 3. 2. 36 S 5003 A — 48 III sind auf die steuerlich noch nicht erledigten und künftigen Umwandlungs- und Auflösungsfälle nicht mehr anzuwenden. Auf Umwandlungs- und Auflösungsfälle, die durch rechtskräftige Veranlagungen bereits abgeschlossen sind, findet der vorliegende Erlaß keine Anwendung, es sei denn, daß es sich um Berichtigungsveranlagungen handelt. Der vorliegende Erlaß gilt also für alle laufenden (rechtskräftig noch nicht abgeschlossenen) und für alle künftigen Umwandlungs- und Auflösungsfälle, desgleichen für die Berichtigungsveranlagungen.

A. Geltendes Recht

I. Handelsrecht.

Für das Umwandlungshandelsrecht gelten:

1. das Gesetz über die Umwandlung von Kapitalgesellschaften (UmwG.) vom 5. 7. 34 (RGBl. I S. 569, RStBl. 34, 801),
2. die Erste Durchführungsverordnung zum Gesetz über die Umwandlung von Kapitalgesellschaften (DVO. I) vom 14. 12. 34 (RGBl. I S. 1262, RStBl. 35, 454),
3. die DVO. II vom 17. 5. 35 (RGBl. I S. 721, RStBl. 35, 882),
4. die DVO. III vom 2. 12. 36 (RGBl. I S. 1003, RStBl. 36, 1196),
5. die DVO. IV vom 24. 6. 37 (RGBl. I S. 661, RStBl. 37, 753).

II. Steuerrecht.

Für das Umwandlungssteuerrecht gelten:

1. das Gesetz über Steuererleichterungen bei der Umwandlung und Auflösung von Kapitalgesellschaften (UmwStG.) vom 5. 7. 34 (RGBl. I S. 572, RStBl. 34, 804).
2. die Zweite Durchführungsverordnung zum Umwandlungs-Steuergesetz (StDVO. II) vom 8. 3. 35 (RGBl. I S. 354, RStBl. 35, 455),
3. die StDVO. III vom 7. 6. 35 (RGBl. I S.744, RStBl. 35, 833),
4. die StDVO. IV vom 2. 12. 36 (RGBl. I S. 1006, RStBl. 36, 1197).
5. die StDVO. V vom 24. 6. 37 (RGBl. I S. 662, RStBl. 37, 754).

B. Geltungsbereich und Geltungsdauer

I. Die Steuererleichterungen nach dem UmwStG. und den dazu ergangenen Durchführungsverordnungen finden Anwendung, wenn

1. Kapitalgesellschaften auf Grund des UmwG. umgewandelt werden;
2. Kapitalgesellschaften ihre Auflösung nach den Vorschriften des Handelsrechts beschließen und ihr Vermögen im Weg der Abwicklung auf die Gesellschafter übertragen wird.

Zu 1: Umwandlungsfähig im Sinn des UmwG. und der dazu ergangenen Durchführungsverordnungen sind Kapitalgesellschaften, die vor dem 1. 1. 37 entstanden (d. h. in das Handelsregister eingetragen worden) sind. Kapitalgesellschaften im Sinn des UmwG. sind AG.,

GmbH., KomG. a. A. und bergrechtliche Gewerkschaften. Die Umwandlung kann erfolgen durch Übertragung des Vermögens auf eine bestehende oder zu errichtende Personengesellschaft (OHG., KomG., Gesellschaft des bürgerlichen Rechts) oder auf den alleinigen Gesellschafter oder den Hauptgesellschafter.

Zu 2: Im Fall der Auflösung von Kapitalgesellschaften (wegen des Begriffs Kapitalgesellschaften Hinweis auf 1) werden steuerliche Erleichterungen ebenfalls nur gewährt, wenn die aufzulösende Kapitalgesellschaft vor dem 1. 1. 37 entstanden ist. Es muß sich um eine Auflösung im Sinn der Vorschriften der §§ 292 ff. HGB. (§ 203 ff. Aktiengesetz), § 60 GmbH.-Gesetz handeln, bei der das Vermögen im Weg der Abwicklung auf den oder die Gesellschafter übertragen wird.

Zu 1 und 2: Im Fall der Übertragung des Vermögens auf juristische Personen als Allein- oder Hauptgesellschafter Hinweis auf § 10 Absätze 2 und 3 der StDVO. II in der Fassung der StDVO. V.

II. Steuerliche Erleichterungen werden bei der Umwandlung und Auflösung von Kapitalgesellschaften nur gewährt, wenn die Umwandlung oder Auflösung vor dem 1. 1. 38 beschlossen worden ist. Werden Kapitalgesellschaften auf Grund besonderer Genehmigung des RMF. gemäß § 10 der DVO. I vom 14. 12. 34 umgewandelt, indem ihr Vermögen auf eine Personengesellschaft übertragen wird, an der auch juristische Personen beteiligt sind, so sind in diesen Fällen ebenfalls die steuerlichen Vergünstigungen des Umwandlungssteuerrechts zu gewähren, soweit nicht im einzelnen Fall besondere Bedenken bestehen.

C. Auskunftspflicht

Die FA. haben darüber Auskunft zu geben, welche Steuern durch die in Aussicht genommene Umwandlung oder Auflösung voraussichtlich entstehen werden und in welcher Höhe. Der Stpfl. muß dem FA. mindestens die Entwürfe der beabsichtigten Beschlüsse und Bilanzen einreichen.

D. Die Steuererleichterungen im einzelnen

I. Grunderwerbsteuer.

1. Beispiele

Zu § 4 Absatz 1 StDVO. II.

Erstes Beispiel:

An einer AG. sind am 1. 1. 37 (Stichtag) zwei Gesellschafter je zur Hälfte beteiligt. Am 1. 10. 37 beschließen sie, eine OHG. zu errichten, an deren Vermögen jeder zur Hälfte beteiligt sein soll, und das Vermögen der AG. auf die offene Handelsgesellschaft zu übertragen (Umwandlung). Am 1. 11. 37 wird der Umwandlungsbeschluß eingetragen. Mit der Eintragung in das Handelsregister geht das Vermögen der AG., zu dem auch das Grundstück gehört, auf die OHG. über. Für den Grundstücksübergang von der AG. auf die OHG. wird Grunderwerbsteuer nicht erhoben.

Zweites Beispiel:

An einer AG. mit 1 000 000 RM. Grundkapital sind am 1. 1. 37 (Stichtag) A und B mit je 500 000 RM. Aktien beteiligt. Am 1. 2. 37

verkauft A dem B Aktien mit einem Nennbetrag von 400 000 RM. Am 1. 10. 37 beschließen A und B, eine OHG. zu errichten, an der A mit 10 v. H., B mit 90 v. H. beteiligt sein soll. Gleichzeitig beschließen sie, das Vermögen der AG., zu dem auch ein Grundstück gehört, auf die OHG. zu übertragen (Umwandlung). Am 1. 12. 37 wird der Umwandlungsbeschluß eingetragen. Mit der Eintragung ins Handelsregister geht das Eigentum am Grundstück von der AG. auf die offene Handelsgesellschaft über. Für den Grundstücksübergang sind $^4/_{10}$ der Grunderwerbsteuer zu erheben, da B an der Aktiengesellschaft am Stichtag mit 50 v. H. beteiligt war, während er an der OHG. mit 90 v. H. beteiligt ist.

Drittes Beispiel:

Das Grundkapital einer AG. beträgt 1 000 000 RM. Zum Vermögen der AG. gehören sämtliche Anteile an einer Grundstücksgesellschaft m. b. H., die ein Grundstück besitzt. Die Vereinigung sämtlicher Anteile der Grundstücksgesellschaft m. b. H. war seinerzeit aus § 3 GrEG. versteuert worden. An der AG. sind am 1. 1. 37 (Stichtag) A und B mit je 500 000 RM. Aktien beteiligt. Am 1. 2. 37 verkauft A dem B Aktien mit einem Nennbetrag von 400 000 RM. Am 1. 10. 37 beschließen A und B, eine OHG. zu errichten, an der A mit 10 v. H., B mit 90 v. H. beteiligt sein soll. Gleichzeitig beschließen sie, das Vermögen der AG., zu dem auch die sämtlichen Anteile an der Grundstücksgesellschaft m. b. H. gehören, auf die OHG. zu übertragen (Umwandlung). Am 1. 12. 37 wird der Umwandlungsbeschluß eingetragen. Mit der Eintragung ins Handelsregister gehen sämtliche Anteile an der Grundstücksgesellschaft m. b. H. von der AG. auf die OHG. über. Der Übergang der sämtlichen Anteile an der Grundstücksgesellschaft m. b. H. (Ersatztatbestand) ist nach § 3 GrEG. dem Übergang des Eigentums an dem Grundstück (Haupttatbestand) gleichzuachten. Die für den Haupttatbestand geltenden Steuererleichterungen der Umwandlungs-Steuergesetzgebung müssen auch bei der Besteuerung des Ersatztatbestandes angewendet werden (Hinweis auf RFH. 40, 347, RStBl. 1937 S. 367). Für den Übergang der sämtlichen Anteile an der Grundstücksgesellschaft m. b. H. auf die OHG. ist, da B an der AG. am Stichtag mit 50 v. H. beteiligt war, während er an der OHG. mit 90 v. H. beteiligt ist, nur $^4/_{10}$ der Grunderwerbsteuer vom Einheitswert des Grundstücks zu erheben.

Zu § 4 Absatz 2 StDVO. II.

Erstes Beispiel:

Alleinige Inhaberin sämtlicher Anteile an einer GmbH. ist eine OHG. Am Vermögen der OHG. sind am 1. 1. 37 (Stichtag) zwei Gesellschafter je zur Hälfte beteiligt. Am 1. 10. 37 wird die Übertragung des Vermögens der GmbH., zu dem ein Grundstück gehört, auf die OHG. beschlossen (Umwandlung). Die Umwandlung wird am 1. 11. 37 eingetragen. Mit der Eintragung in das Handelsregister geht das Eigentum am Grundstück von der GmbH. auf die OHG. über. Für den Grundstücksübergang wird Grunderwerbsteuer nicht erhoben.

Zweites Beispiel:

Alleinige Inhaberin sämtlicher Anteile an einer GmbH. ist eine OHG. Am Vermögen der OHG. sind am 1. 1. 37 (Stichtag) A und B je zur

Hälfte beteiligt. Am 1. 10. 37 vereinbaren sie, daß A am Vermögen der OHG. nur noch mit 10 v. H., B dagegen mit 90 v. H. beteiligt sein soll. Am 1. 11. 37 wird die Übertragung des Vermögens der GmbH. auf die OHG. beschlossen (Umwandlung). Der Umwandlungsbeschluß wird am 1. 12. 37 eingetragen. Mit der Eintragung ins Handelsregister geht das Vermögen der GmbH., zu dem ein Grundstück gehört, auf die OHG. über. Für den Grundstücksübergang werden $^{4}/_{10}$ der Grunderwerbsteuer erhoben, weil am Stichtag B mit 50 v. H. an der OHG. beteiligt war, während er zur Zeit der Umwandlung mit 90 v. H. an ihr beteiligt ist.

Drittes Beispiel:

Alleinige Inhaberin sämtlicher Anteile an einer GmbH. ist eine OHG. Am Vermögen der OHG. waren am 1. 1. 37 (Stichtag) A und B je zur Hälfte beteiligt. Am 1. 10. 37 vereinbaren A, B und C, daß A aus der OHG. ausscheidet und daß an seiner Stelle C in die OHG. eintritt. Am 1. 11. 37 wird die Übertragung des Vermögens der GmbH. auf die OHG. beschlossen (Umwandlung). Die Umwandlung wird am 1. 12. 37 ins Handelsregister eingetragen. Mit der Eintragung geht das Vermögen der GmbH., zu dem ein Grundstück gehört, auf die OHG. über. Für den Grundstücksübergang von der GmbH. auf die OHG. werden $^{5}/_{10}$ der Grunderwerbsteuer erhoben, weil zur Zeit der Umwandlung C mit 50 v. H. an der OHG. beteiligt ist, während er am Stichtag noch nicht beteiligt war.

Zu § 4 Absatz 3 StDVO. II.

Erstes Beispiel:

An einer Grundstücksgesellschaft m. b. H. sind am 1. 1. 37 (Stichtag) zwei Gesellschafter je zur Hälfte beteiligt. Bei der Auflösung übernehmen die Gesellschafter das Gesellschaftsgrundstück als Miteigentümer je zur Hälfte. Grunderwerbsteuer wird nicht erhoben.

Zweites Beispiel:

A ist am 1. 1. 37 alleiniger Inhaber der Anteile an einer Grundstücksgesellschaft m. b. H., zu deren Vermögen zwei gleichwertige Grundstücke gehören. Am 1. 10. 37 tritt er die Hälfte seiner Anteile an B ab. Bei der Auflösung der Gesellschaft am 1. 11. 37 übernimmt jeder Gesellschafter ein Grundstück. Der Erwerb des Grundstücks durch A ist steuerfrei, für den Erwerb des Grundstücks durch B wird Grunderwerbsteuer erhoben.

Zu § 4 Absätze 1 und 2 in Verb. mit § 9 Absatz 1 StDVO. II.

Beispiel:

A ist am 1. 1. 37 an einer Grundstücksgesellschaft m. b. H. zur Hälfte beteiligt, Am 1. 4. 37 erwirbt er 40 v. H. der Gesellschaftsanteile hinzu, so daß er nunmehr zu 90 v. H. beteiligt ist. Am 1. 7. 37 wird die Umwandlung in der Weise beschlossen, daß das Vermögen unter Ausschluß der Abwicklung auf A als den Hauptgesellschafter übertragen wird. Für den Grundstücksübergang sind in sinngemäßer Anwendung des § 4 Absätze 1 und 2.StDVO II $^{5}/_{10}$ der Grunderwerbsteuer zu erheben, da A den ganzen Grundbesitz erhält, also 50 v. H. mehr, als seinem Beteiligungsverhältnis an der Gesellschaft am Stichtag entspricht.

2. Stichtag und Beteiligung.

Die Steuererleichterungen auf dem Gebiet der Grunderwerbsteuer sind nicht davon abhängig, daß die Grundstücke bereits am Stichtag im Eigentum der umgewandelten oder aufgelösten Gesellschaft gestanden haben. Sie gelten auch, wenn die Grundstücke erst nach dem Stichtag von der Gesellschaft erworben worden sind. Auf dem Gebiet der KörpSt. und der EinkSt. kommt es jedoch für den Umfang der zu gewährenden steuerlichen Erleichterungen u. a. auch darauf an, daß die in Frage kommenden Wirtschaftsgüter mindestens seit dem Ende des Wirtschaftsjahrs 1934 (1933/34) zum Betriebsvermögen der Gesellschaft gehört haben (§ 7 Absätze 1 und 2, § 8 StDVO. II).

Unter Beteiligung an einer Gesellschaft im Sinn des § 4 StDVO. II ist nur eine Beteiligung als Gesellschafter im Sinn des bürgerlichen und des Handelsrechts zu verstehen. Eine mittelbare, nur wirtschaftliche Beteiligung, z. B. durch Treuhänder oder durch Vermittlung von Gesellschaften, genügt nicht (Hinweis auf RFH. II A 74/37 vom 9. 7. 37, RStBl. S. 942).

3. Treuhandverhältnisse.

Soll eine AG., eine KomG. a. A., eine GmbH. oder eine bergrechtliche Gewerkschaft aufgelöst werden, deren sämtliche Anteile in der Hand eines Treuhänders vereinigt sind, so gelten auf dem Gebiet der Grunderwerbsteuer die Steuererleichterungen nur, wenn die Grundstücke, die zum Vermögen der Gesellschaft gehören, auf den Treuhänder übertragen werden. Der Treugeber wird aber in manchen Fällen den Wunsch haben, nicht nur die Gesellschaft, sondern gleichzeitig auch das Treuhandverhältnis aufzulösen. Er wird also die Grundstücke von der Gesellschaft nicht auf den Treuhänder, sondern auf sich selbst als den Treugeber übertragen wollen. Die Beseitigung solcher wirtschaftlich unnötigen und unerwünschten Treuhandverhältnisse liegt im Sinn des mit dem Gesetz verfolgten Zwecks.

Bei der Beseitigung des Treuhandverhältnisses ist zu unterscheiden, ob die Gesellschaft nach den allgemeinen Vorschriften aufgelöst und ihr Vermögen im Weg der Liquidation übertragen wird oder ob es sich um eine Umwandlung der Gesellschaft durch Übertragung des Vermögens auf den alleinigen Gesellschafter im Sinn des § 8 UmwG., also um eine erleichterte liquidationslose Auflösung, handelt.

Bei der Vermögensübertragung im Weg der Liquidation können die Grundstücke der Gesellschaft statt auf den sämtliche Anteile besitzenden Treuhänder unmittelbar auf den Treugeber übertragen werden. Für diese Übertragung sind im Billigkeitsweg die im § 4 Absatz 3 StDVO. II bezeichneten Steuererleichterungen zu gewähren, wenn die sonstigen Voraussetzungen für die Anwendung dieser Vorschrift erfüllt sind. Diese Regelung gilt aber nur dann, wenn sämtliche Anteile in der Hand des Treuhänders vereinigt sind und das Bestehen des Treuhandverhältnisses einwandfrei nachgewiesen wird.

Die Umwandlung durch Übertragung des Vermögens auf den Alleingesellschafter kann dagegen nur von dem Gesellschafter beschlossen werden, der bürgerlich-rechtlich Eigentümer der Anteile ist (LG. Berlin vom 24. 11. 36, 408 T 12577, 12578/36, JW. 1937 S. 56). Das bedeutet, daß das

Vermögen der Gesellschaft bei der Umwandlung nur dann auf den Treugeber übertragen werden kann, wenn der Treuhänder die sämtlichen Anteile an der Gesellschaft an den Treugeber zurückübereignet hat. Die Übertragung der sämtlichen Anteile vom Treuhänder auf den Treugeber ist nach § 3 GrEG. steuerpflichtig. In derartigen Fällen ist die Grunderwerbsteuer für die Weiterübertragung der in der Hand des Treuhänders vereinigten Anteile auf den Treugeber zu erlassen, wenn das Bestehen des Treuhandverhältnisses nachgewiesen wird. Der nachfolgende Übergang der Grundstücke auf den alleinigen Gesellschafter auf Grund des Umwandlungsbeschlusses ist nach den Grundsätzen des § 4 Abs. 1 StDVO. II zu versteuern.

Ich weise ausdrücklich darauf hin, daß diese Sonderregelung nur für die Fälle gilt, in denen sämtliche Anteile einer Kapitalgesellschaft bereits in der Hand einer Person vereinigt sind. Werden zur Vorbereitung der Umwandlung einzelne Anteile übertragen und tritt dadurch eine Vereinigung sämtlicher Anteile in einer Hand ein, so ist die Vereinigung nach § 3 GrEG. zu versteuern.

Für die Steuererleichterungen auf dem Gebiet der Einkommensteuer und der KörpSt. spielt das Vorhandensein von Treuhandverhältnissen keine Rolle, da nach § 11 StAnpG., §§ 2, 11 EStG., § 6 KStG. Einkünfte, die der Treuhänder für den Treugeber erwirbt, dem letzteren zugerechnet werden.

4. Auflösung von Mutter- und Tochtergesellschaften.

Es kommt vor, daß Grundstücke einer Gesellschaft (Tochtergesellschaft) gehören, deren Anteile in der Hand einer andern Gesellschaft (Muttergesellschaft) vereinigt sind. Beide Gesellschaften sollen aufgelöst werden. Wenn die Grundstücke der aufgelösten Tochtergesellschaft zuerst auf die Muttergesellschaft übergehen und dann nach Auflösung der Muttergesellschaft auf deren Gesellschafter (oder den alleinigen Gesellschafter der Muttergesellschaft) übertragen werden, so gelten die für die Grunderwerbsteuer vorgesehenen Vorschriften über Steuererleichterungen (§ 4 Abs. 3 und § 9 Abs. 1 und 2 StDVO. II) für beide Übertragungsfälle.

Werden die Grundstücke der aufgelösten Tochtergesellschaft nicht erst auf die Muttergesellschaft, sondern sofort auf die Gesellschafter oder den alleinigen Gesellschafter der ebenfalls aufgelösten Muttergesellschaft übertragen, so finden die Steuererleichterungen des § 4 Abs. 3 und des § 9 Abs. 2 StDVO. II unmittelbar keine Anwendung. Waren im Zeitpunkt der Auflösung sämtliche Anteile der Tochtergesellschaft in der Hand der Muttergesellschaft vereinigt, so bin ich einverstanden, daß auch in diesen Fällen im Weg der Billigkeit die Steuererleichterungen des § 4 Abs. 3 und des § 9 Abs. 2 StDVO. II gewährt werden. Die Grunderwerbsteuer wird erhoben, soweit der einzelne Gesellschafter oder der alleinige Gesellschafter an Grundstücken mehr erhält als seinem Beteiligungsverhältnis am 1. 1. 37 (Stichtag) entspricht. Die Steuer ist so zu berechnen, wie sie in den Fällen des § 4 Abs. 3 und des § 9 Abs. 2 StDVO. II berechnet wird, wenn die Grundstücke zuerst auf die Muttergesellschaft und erst dann auf deren Gesellschafter oder den alleinigen Gesellschafter übertragen werden.

Werden zur Vorbereitung der Auflösung einzelne Anteile erworben und tritt dadurch eine Vereinigung sämtlicher Anteile in einer Hand ein, so ist diese Vereinigung nach § 3 GrEG. zu versteuern.

II. Körperschaftsteuer und Einkommensteuer

III. Beschränkte Steuerpflicht

IV. Gewerbesteuer

V. Vermögensteuer.

(nicht abgedruckt.)

C. Erläuterungen

I. Die grundsätzliche Bedeutung der gesetzlichen Maßnahmen.

Zu 2 S. 504. Sinn und Zweck der Umwandlungsgesetzgebung. Das Ergebnis der Umwandlungsgesetzgebung entsprach im Jahr 1936 nicht voll den Erwartungen. Nach Staatssekr. i. RJustMin. Schlegelberger DJust. 36, 1649 waren im Geltungsbereich des Umwandlungsgesetzes bis zum 30. 9. 36 umgewandelt 691 AG. und rund 4500 GmbH., diese unter Einrechnung von vielleicht 1000 Entschachtelungen (vgl. i. einz. StW. 37, 279 ff.). Aus Wirtschaftskreisen wurde dazu erklärt, daß die Frist (31. 12. 36) in vielen Fällen für die Umwandlungsvorarbeiten zu kurz gewesen sei. Der Regierung war zudem bekannt, daß tatsächlich noch sehr viele ernsthafte Umwandlungspläne schwebten. Sie entschloß sich daher, die Fristen für die handelsrechtlichen und für die steuerrechtlichen Erleichterungen zu verlängern.

Durch die Dritte Durchführungsverordnung zum Gesetz über die Umwandlung von Kapitalgesellschaften (DVO. III) vom 2.12.36 (RGBl. I, 1003) war die Gültigkeit der handelsrechtlichen Erleichterungen bis zum 31. 3. 39 verlängert worden. Dagegen wurden durch die Vierte Durchführungsverordnung zum Umwandlungs-Steuergesetz (StDVO. IV) vom 2. 12. 36 (RGBl. I, 1006) die steuerlichen Erleichterungen nur noch für die Umwandlungen (und auch Auflösungen!) gewährt, die bis zum 30. 6. 37 beschlossen wurden.

Beide Fristen haben auf Wunsch der Wirtschaft dann doch noch einmal eine Verlängerung erfahren. Durch die Vierte Durchführungsverordnung zum Gesetz über die Umwandlung von Kapitalgesellschaften (DVO. IV) vom 24. 6. 1937 (RGBl. I, 661) ist die Gültigkeit der handelsrechtlichen Erleichterungen erneut bis zum 31. März 1941 verlängert worden, und zwar für alle KapGes., die vor dem 1. Januar 1937 entstanden sind. Ebenso werden durch die Fünfte Durchführungsverordnung zum Umwandlungs-Steuergesetz (StDVO V) vom 24. Juni 1937 (RGBl. I, 662) die steuerlichen Erleichterungen weiter für die Umwandlungen (und auch Auflösungen!) gewährt,die nach dem 30. Juni 1937, aber vor dem 1. Januar 1938 beschlossen werden. Dabei ist eine wichtige Neuerung insofern eingeführt, als bei allen nach dem 30. Juni 1937 beschlossenen Umwandlungen und Auflösungen als Stichtag an die Stelle des 1. Juli 1934 der 1. Januar 1937 tritt; s. dazu Kämmel DStZ. 37, 693 und Ott StW. 37 I, 1101 ff.

Zu 4 S. 505. Die wesentlichen handelsrechtlichen Erleichterungen. Neben den KapGes., die am 1. 7. 1934 schon bestanden haben (§ 1 Abs. 2 UmwG.), wenn auch in Liquidation, genossen ab 1. 1. 37 die handelsrechtlichen Erleichterungen auch die KapGes., die am 1. 7. 34 zwar noch nicht bestanden haben, aber bei denen wenigstens der Gesellschaftsvertrag bis zum 1. 7. 1934 gerichtlich oder notariell beurkundet worden war (§ 2 DVO. III). Diese Erweiterung des Geltungsbereichs des Umwandlungsrechts beruhte auf der Erwägung, daß solche Gesellschaften, die noch in Unkenntnis der Umwandlungsgesetzgebung und ihrer Zielsetzung gegründet worden sind, nicht zu Umgehungen und insbesondere nicht zu einem Mißbrauch der Steuervergünstigungen benutzt werden können (s. Herbig DNotZ. 37, 33 und Ott StW. 37 I, 282). Nunmehr sind durch die DVO. IV alle KapGes. zugelassen, die vor dem 1. Januar 1937 entstanden sind.

Weiter sind durch die DVO. III die Vorschriften über die Umwandlung einer KapGes. durch Mehrheitsbeschluß (Art. 2 DVO. I, Art. 2 DVO. II) mit Wirkung ab 1. 1. 37 grundlegend geändert worden, soweit sie die Umwandlung durch Übertragung des Vermögens auf den Hauptgesellschafter oder auf eine schon bestehende OHG. oder KomG. betreffen (Art. 3 DVO. III; s. Handb. S. 506). Hier war die Umwandlung bisher nur zulässig, wenn sich in der Hand des Hauptgesellschafters oder der bestehenden OHG. oder KomG. mindestens $^9/_{10}$ des Grund- oder Stammkapitals befanden. Jetzt genügt nach § 8 DVO. III ein Kapitalbesitz von mehr als $^3/_4$ des Grund- oder Stammkapitals. Es spielt auch keine Rolle, ob andere Gesellschafter der Umwandlung widersprechen oder zustimmen. § 4 ff. DVO. IV bringen einige Ergänzungen hinsichtlich der Abfindung an die ausscheidenden Aktionäre.

Zu 6 S. 501. Geltungsdauer. S. das zu E. 2 Gesagte.

Zu 9 S. 508. Über die Ergebnisse der Auflösungsgesetzgebung s. zu E. 2. Nach dem am 1. 10. 37 in Kraft getretenen Gesetz über Aktiengesellschaften und Kommanditgesellschaften auf Aktien ist der Mindestnennbetrag des Grundkapitals auf 500 000 RM. und der Mindestnennbetrag der Aktien auf 1000 RM. erhöht (§ 7 und § 8 AktG.).

II. Erleichterungen bei der Grunderwerbsteuer.

Zu 1 S. 510. Begünstigte Fälle. Die steuerlichen Erleichterungen gelten auch in den Fällen, in denen die Umwandlung durch Mehrheitsbeschluß nach dem 31. 12. 36 innerhalb des weiteren Rahmens der handelsrechtlichen Erleichterungen gem. Art. 3 der DVO. III vorgenommen wird (s. I, E. 4). Art und Umfang der steuerlichen Vergünstigungen hat sich nicht geändert (s. StW. 37, 283). Die Vergünstigung des § 4 ist nicht beschränkt auf eigentliche Grundstücksübergänge i. S. von §§ 1 und 4 GrEStG. Sie gilt vielmehr auch für sonstige an sich voll stpfl. Vorgänge wie z. B. für den Übergang sämtlicher Anteile einer Grundstücks-GmbH., so U. 29. 1. 37 II A 227/36 RFH. 40, 347 = StW. 37 Nr. 153 und I, 341 = RStBl. 37, 367 = DVR. 37, 35. Die Begünstigung ist auch dann zu gewähren, wenn RJustMin. gem. § 10 der 1. UmwDVO. die Umwandlung in eine Personengesellschaft genehmigt, an der auch juristische Personen beteiligt sind; s. RdF. 25. 9. 37 S 2151 I — 390 III/S 5003 A — 64 III, RStBl. 37, 1095, Text S. 31 ff.

Zu 2 S. 510. Begünstigte Kapitalgesellschaften. Steuerlich begünstigt waren ab 1. 1. 37 auch KapGes., deren Gesellschaftsvertrag am 1. 7. 34 gerichtlich und notarisch beurkundet war (s. I E. 4). Nunmehr sind nach StDVO. V alle KapGes. begünstigt, die vor dem 1. 1. 37 entstanden sind. Entsprechend dem Rechtfertigungsgrund von § 2 DVO. III gilt dies nicht nur für Umwandlungen, sondern trotz des Fehlens einer ausdrücklichen Erweiterung von § 2 StDVO. II auch für Auflösungen (s. I E. 4).

Zu 5 S. 511. Selbständige Prüfung der Steuerbehörde auch bei Umwandlungen. Dafür auch Böttcher-Meilicke 4. Aufl. S. 362, zu §§ 1 und 2 StDVO. II, insbes. auch deshalb, weil das RegGer. sich in der Regel mit der Prüfung der förmlichen Richtigkeit des UmwBeschlusses begnügen könne, während das FA. bei der steuerlichen Prüfung der Umw-Bilanz und aus den schon bestehenden Steuerakten der KapGes. vielfach tiefer in die tatsächlichen Verhältnisse hineinsehen werde und daher aus gein praktischen Gründen eine andere Lösung kaum tragbar sei. Dagegen räumt der V. (UmsSt.) Sen. der Eintragung des UmwBeschlusses, abresehen vom Vorliegen eines Mißbrauchs bürgerlich-rechtlicher Gestaltungsmöglichkeiten, bindende Wirkung auch gegenüber dem FA. ein (U. 30. 7. 37 V A 55/37 RFH. 42, 101 = StW. 37 Nr. 594 = RStBl. 37, 1138 = DVR. 38, 37). Es bleibt abzuwarten, wie der Große Senat entscheiden wird; s. auch U. 28. 1. 38 III 177/37 RFH. 43, 107 = StW. 38 Nr. 169 und I, 401, 404 = RStBl. 38, 277 = Kart. § 15 VermSt. R. 2; s. ferner VR. für 1937 B V, RStBl. 38 S. 196.

Zu 6—14 S. 512 ff. Stichtag. Bei Umwandlungen und Auflösungen, die nach dem 30. 6. 37 beschlossen werden, ist nach § 2 StDVO. V Stichtag i. S. der §§ 2, 4, 10, 12 StDVO. II der 1. Januar 1937. Ist der Beschluß vorher gefaßt, bleibt es bei dem Stichtag vom 1. 7. 34.

Zu 7 S. 512. Beteiligung i. S. des § 4 StDVO. II ist nur eine Beteiligung als Gesellschafter i. S. des bürgerlichen und des Handelsrechtes. Eine mittelbare, nur wirtschaftliche Beteiligung, z. B. Treugeber oder durch Vermittlung von Gesellschaften genügt nicht (U. 9. 7. 37 II A 74/37 RFH. 41, 343 = StW. 37 Nr. 489 und I, 1226 = RStBl. 37, 942 = Kart. § 8 GrESt. Allg. V R. 2 = JW. 37, 2865 (Meilicke) = DVR. 37, 128; s. auch RFH. 42, 33 und 43, 33 bei E. 16 zu § 3 und RdF. 25. 9. 37.

Zu 10/11 S. 513/14. Umwandlung in eine Personengesellschaft. Wird eine GmbH. unter gleichzeitiger Errichtung einer OHG. umgewandelt und wird gelegentlich der Umwandlung neben dem mit der Umwandlung verbundenen Übergang von Grundstücken auf die OHG. ein Teil der Grundstücke der GmbH. ins Privatvermögen der Gesellschaft übertragen, so ist dieser Eigentumsübergang nicht steuerbegünstigt (U. 16. 7. 37 II A 93/37, StW. 37 Nr. 490 = RStBl. 37, 983 = Kart. § 8 GrEG. Allg. V R. 3 = DVR. 37, 129). Anders wäre es nach § 4 Abs. 3 StDVO. II, wenn die GmbH. aufgelöst worden wäre und die Gesellschafter Gesellschaftsgrundstücke bei der Auseinandersetzung erhalten hätten; s. StW. 37 I, 1223.

Zu 12 S. 514. Umwandlung durch Übertragung des Vermögens auf den Alleingesellschafter oder den Hauptgesellschafter (§ 9 Abs. 1 und § 4 Abs. 1 StDVO. II). Nach dem Stichtag erworbene Beteiligungen können dann bei der Steuerermäßigung berücksichtigt werden, wenn sie in einer Weise erworben sind, daß eine Steuerumgehung ausgeschlossen erscheint. Daher nach U. 25. 3. 38 II 310/37 StW. 38 Nr. 262 keine Berücksichtigung von durch Kauf oder durch Umwandlung erworbenen Beteiligungen; s. im einzelnen Ott StW. 38 I, 658; s. auch Böttcher-Meilicke 4. Aufl. S. 377 Anm. V, 6 zu § 4 StDVO. II; Schmeißer DStZ. 36, 1106, BA. S. 1037.

Zu 15 S. 517. Treuhandverhältnisse bezüglich der Anteile an der KapGes. Bei Beseitigung von Treuhandverhältnissen unterscheidet der neue RE. vom 25. 9. 37 (Text S. 31 ff.) jetzt, ob die Gesellschaft nach den allgemeinen Vorschriften im Liquidationsweg aufgelöst wird (Fall des § 4 Abs. 3 StDVO. II) oder ob es sich um Umwandlung der Gesellschaft durch Vermögensübertragung auf den alleinigen Gesellschafter i. S. des § 8 UmwG., also um eine erleichterte liquidationslose Auflösung handelt (Fall des § 9 Abs. 1, § 4 Abs. 2 StDVO. II). Im ersten Fall ändert sich an der bisherigen Billigkeitsvorschrift nichts, im zweiten Fall ist anders zu verfahren. Hier muß der Treuhänder die Anteile erst auf den Treugeber übertragen haben, ehe dieser die Umwandlung beschließen kann (LG. Berlin 24. 11. 36, 12577/8/36, JW. 37, 56). Es wird nur die Steuer für diese Anteilübertragung und -vereinigung (aus § 3 GrEG.) erlassen, der nachfolgende Grundstücksübergang auf den alleinigen Gesellschafter auf Grund des Umwandlungsbeschlusses ist dann nach § 4 Abs. 1 StDVO. II zu versteuern. RdF. weist ausdrücklich darauf hin, daß diese Sonderregelung nur für die Fälle gilt, in denen sämtliche Anteile in der Hand des Treuhänders vereinigt sind. Werden zur Vorbereitung der Umwandlung einzelne Anteile übertragen und tritt dadurch eine Vereinigung sämtlicher Anteile in einer Hand ein, so ist diese nach § 3 GrEG. zu versteuern.

Zu 17 S. 518. Gleichzeitige Auflösung von Mutter- und Tochtergesellschaften. Die Billigkeitsmaßnahme ist durch den Erl. vom 25. 9. 37 dahin geändert, daß die Erleichterungen der § 4 Abs. 3, § 9 Abs. 2 der 2. DVO. im Billigkeitsweg gewährt werden, wenn sämtliche Anteile der Tochtergesellschaft in der Hand der Muttergesellschaft im Zeitpunkt der Auflösung vereinigt waren. Die Steuer wird erhoben, soweit der einzelne Gesellschafter oder der alleinige Gesellschafter an Grundstücken mehr erhält als seinem Beteiligungsverhältnis am 1. 1. 37 (Stichtag) entspricht. Die Steuer ist so zu berechnen, wie sie in den Fällen des § 4 Abs. 3, § 9 Abs. 2 StDVO. II berechnet wird, wenn die Grundstücke zuerst auf die Muttergesellschaft und erst dann auf deren Gesellschafter oder den alleinigen Gesellschafter übertragen werden. Werden zur Vorbereitung der Auflösung einzelne Anteile erworben und tritt dadurch eine Vereinigung sämtlicher Anteile in einer Hand ein, so ist diese Vereinigung nach § 3 GrEG. zu versteuern.

Vierter Hauptabschnitt

Die Befreiungen des Reichserbhofrechts

A. Gesetzestexte.

Erbhofrechtsverordnung (EHRV)

Vom 21. Dezember 1936 (Reichsgesetzblatt I S. 1069).

Inhaltsübersicht

Auf Grund der §§ 46, 47, 51, 52, 61 des Reichserbhofgesetzes vom 29. September 1933 (Reichsgesetzbl. I S. 685) wird zur Durchführung und Ergänzung des Gesetzes folgendes verordnet:

1. Abschnitt.

Der Erbhof.

§ 1

Berücksichtigung der Schulden des Eigentümers bei der Entstehung eines Erbhofs.

(1) Eine Besitzung, die vor dem Inkrafttreten dieser Verordnung noch nicht Erbhof geworden ist, kann Erbhofeigenschaft nur erlangen, wenn

1. die allgemeinen sachlichen und persönlichen Erfordernisse für die Entstehung der Erbhofeigenschaft gegeben sind und
2. der Gesamtbetrag der Schulden des Eigentümers den Betrag von siebzig vom Hundert des zuletzt festgestellten steuerlichen Einheitswerts der Besitzung nicht übersteigt.

(2) In dem anerbengerichtlichen Verfahren, das die Klärung der Erbhofeigenschaft einer Besitzung der im Abs. 1 erwähnten Art zum Gegenstand hat, hat der Eigentümer über den Schuldenstand Auskunft zu geben und die Richtigkeit seiner Angaben auf Verlangen des Richters an Eides Statt zu versichern.

(3) Bei der Prüfung des Gesamtbetrags der Schulden im Sinne des Absatzes 1 Nr. 2 gilt als Wert der vom Eigentümer geschuldeten wiederkehrenden Leistungen die Hälfte des Betrags, der sich bei Anwendung der Vorschriften des § 22 Abs. 1, 2, 5 der Kostenordnung vom 25. November 1935 (Reichsgesetzbl. I S. 1371) ergibt.

(4) Sobald die Besitzung in die Erbhöferolle eingetragen ist, gilt die Voraussetzung des Absatzes 1 Nr. 2 als erfüllt, auch wenn sich später herausstellen sollte, daß der Schuldenstand zum maßgebenden Zeitpunkt die zulässige Höhe überschritten hat.

(5) Das im Abs. 1 Nr. 2 vorgeschriebene Erfordernis gilt nicht

1. für Höfe, die in einem Verfahren zur Neubildung deutschen Bauerntums (Neusiedlungs- oder Anliegersiedlungsverfahren) auf Grund des Reichssiedlungsgesetzes vom 11. August 1919 (Reichsgesetzbl. S. 1429) oder des Gesetzes über die Neubildung deutschen Bauerntums vom 14. Juli 1933 (Reichsgesetzbl. I S. 517) gebildet werden;
2. für Besitzungen, hinsichtlich deren der Reichsminister für Ernährung und Landwirtschaft gemäß § 5 des Gesetzes eine Ausnahme von den Erfordernissen des § 3 des Gesetzes zuläßt;
3. für Besitzungen, bei denen die Voraussetzungen für die Entstehung der Erbhofeigenschaft im Zuge eines über das Vermögen des Eigentümers durchgeführten Entschuldungsverfahrens erfüllt werden.

§ 2
Vergrößerung eines Erbhofs über die zugelassene Höchstgrenze.

(1) Soll ein Erbhof durch Hinzunahme von Grundstücken über eine Gesamtfläche von hundertfünfundzwanzig Hektar hinaus vergrößert werden, so werden die hinzugenommenen Flächen nur dann Bestandteil des Erbhofs, wenn der Reichsminister für Ernährung und Landwirtschaft gemäß § 5 des Gesetzes eine Ausnahme von den Erfordernissen des § 3 des Gesetzes zuläßt.

(2) Dasselbe gilt, wenn eine Besitzung, die auf Grund des § 5 des Gesetzes Erbhof geworden ist, vergrößert werden soll.

(3) Die Vorschriften der §§ 44, 45 der Erbhofverfahrensordnung finden entsprechende Anwendung.

§ 3
Grundstücke im Umlegungsverfahren.

Sind Grundstücke in ein Verfahren zur Grundstücksumlegung (Flur- oder Feldbereinigung) einbezogen und im Laufe dieses Verfahrens durch vorläufige Besitzeinweisung einem anderen am Umlegungsverfahren Beteiligten zugewiesen, so wird hierdurch für die Anwendung des Reichserbhofgesetzes, insbesondere des § 7 des Gesetzes, ihre Zugehörigkeit zu dem Grundbesitz, von dem aus sie bisher bewirtschaftet wurden, noch nicht berührt.

§ 4

Nutzungsrechte und Anteile.

(1) Forstnutzungsrechte, sonstige dem Erbhof dienende dingliche Nutzungsrechte, Anteile an einer Waldgenossenschaft und ähnliche dem Erbhof dienende Rechte gehören zum Erbhof, gleichviel ob sie mit dem Eigentum am Erbhof verbunden sind oder dem Bauern persönlich zustehen. Dasselbe gilt für Miteigentumsanteile an einem Grundstück, die dem Erbhof dienen, falls diese Anteile im Verhältnis zu dem sonstigen den Erbhof bildenden Grundbesitz von untergeordneter Bedeutung sind.

(2) Anteile an einer Molkerei, Zuckerfabrik oder ähnlichen Einrichtung, in der Erzeugnisse des Erbhofs verarbeitet oder verwertet werden, gehören zum Erbhof, gleichviel ob sie mit dem Eigentum am Erbhof verbunden sind oder dem Bauern persönlich zustehen. Das gleiche gilt für Anteile an einer gemeinschaftlich betriebenen Dreschmaschine oder ähnlichen Anlage.

2. Abschnitt.

Der Bauer.

§ 5

Befreiung vom Erfordernis der deutschen Staatsangehörigkeit.

(1) Von dem im § 12 des Gesetzes vorgesehenen Erfordernis der deutschen Staatsangehörigkeit kann der Reichsminister für Ernährung und Landwirtschaft auf Antrag Befreiung gewähren.

(2) Fällt der Erbhof jemandem an, der nicht deutscher Staatsangehöriger ist, so gilt es als Ausschlagung des Anfalls des Erbhofs, wenn der zum Anerben Berufene innerhalb der Frist des § 29 Abs. 2 des Gesetzes weder das Einbürgerungsgesuch gemäß § 29 Abs. 3 des Gesetzes noch den im obigen Abs. 1 vorgesehenen Befreiungsantrag stellt.

(3) Wird das Einbürgerungsgesuch rechtzeitig gestellt, aber abgelehnt, so gilt es als Ausschlagung des Anfalls des Erbhofs, wenn der zum Anerben Berufene nicht innerhalb von sechs Wochen nach Ablehnung seines Gesuchs den im Abs. 1 vorgesehenen Befreiungsantrag stellt, oder wenn auch der Befreiungsantrag abgelehnt wird.

(4) Wird der im Abs. 1 vorgesehene Befreiungsantrag innerhalb der im § 29 Abs. 2 des Gesetzes vorgesehenen Frist gestellt, aber abgelehnt, so gilt es als Ausschlagung des Anfalls des Erbhofs, wenn der zum Anerben Berufene nicht innerhalb von sechs Wochen nach Zustellung des ablehnenden Bescheides das Einbürgerungsgesuch stellt, oder wenn auch das Einbürgerungsgesuch abgelehnt wird.

(5) Zur Wahrung der Fristen, die im § 29 Abs. 3 des Gesetzes sowie in den vorstehenden Absätzen vorgesehen sind, reicht es aus, wenn das Einbürgerungsgesuch oder der Befreiungsantrag innerhalb der Frist bei einer inländischen Behörde oder bei einer Dienststelle des Reichsnährstandes eingeht. Geht das Gesuch oder der Antrag bei einer nicht zustän-

digen Stelle ein, so hat diese das Gesuch oder den Antrag unverzüglich an die für die Entscheidung zuständige Stelle abzugeben.

§ 6

Nachweis der deutschen Staatsangehörigkeit und der Abstammung.

Bescheinigungen von Verwaltungs- oder Kirchenbehörden, die zur Durchführung der §§ 12, 13 des Gesetzes erforderlich werden, sind gebührenfrei.

3. Abschnitt.

Erbfolge kraft Anerbenrechts.

§ 7

Kinder aus mehreren Ehen (§ 21 Abs. 4 des Gesetzes).

(1) Hat der Ehegatte, dem der Erbhof gehört, Söhne aus mehreren Ehen, so gehen die Söhne aus der ersten Ehe den anderen Söhnen vor.

(2) Hat der Ehegatte, dem der Erbhof gehört, Töchter aus mehreren Ehen, so gehen die Töchter aus der ersten Ehe den anderen Töchtern vor.

(3) Die Vorschriften der Absätze 1, 2 gelten entsprechend, wenn in einer der übrigen Ordnungen Söhne oder Töchter aus mehreren Ehen vorhanden sind.

(4) Will der Erblasser unter Übergehung eines Sohnes aus seiner ersten Ehe einen Sohn aus seiner zweiten Ehe zum Anerben bestimmen, so bedarf er hierzu der Zustimmung des Anerbengerichts. Das Anerbengericht soll die Zustimmung nur erteilen, wenn ein wichtiger Grund vorliegt.

§ 8

Ausscheiden eines Anerben, der bereits einen Erbhof hat (§ 22 Abs. 1 des Gesetzes).

(1) Hat der Erblasser, dessen Anerbe ausscheidet, weil er bereits einen Erbhof hat, einen anderen Verwandten der gleichen Anerbenordnung (z. B. einen weiteren Sohn oder Bruder oder eine weitere Tochter oder Schwester) und hat weder dieser Verwandte noch dessen Ehegatte noch einer der Abkömmlinge dieses Verwandten einen Erbhof, so hat dieser Verwandte den Vorrang vor den Abkömmlingen des ausscheidenden Anerben.

(2) Ist der Verwandte gestorben oder wird er aus einem anderen Grunde nicht Anerbe, so gilt der im Abs. 1 vorgesehene Vorrang auch zugunsten seines Sohnes oder Sohnessohns.

§ 9

Überspringen eines Anerbenberechtigten (§ 25 des Gesetzes).

(1) Der Erblasser kann mit Zustimmung des Anerbengerichts unter Überspringen eines noch nicht durch Tod, Erbverzicht oder auf andere Weise weggefallenen Sohnes dessen Sohn oder Sohnessohn zum Anerben bestimmen, wenn hierfür ein wichtiger Grund vorliegt.

(2) Dasselbe gilt entsprechend, wenn ein Bruder (eine Tochter, eine Schwester) des Erblassers zugunsten eines Sohnes oder Sohnessohns des Bruders (der Tochter der Schwester) übersprungen werden soll.

(3) Abs. 1 gilt ferner entsprechend, wenn ein zur sechsten Ordnung gehörender Abkömmling des Erblassers zugunsten eines Nachkommen dieses Abkömmlings übersprungen werden soll.

§ 10
Hofsatzung über die Anerbenfolge im Mannesstamm (§ 25 des Gesetzes).

(1) Der Bauer kann in einer Hofsatzung mit Geltung für alle künftigen Erbfälle bestimmen, daß der Hof sich zunächst ausschließlich im Mannesstamm vererbt, also nur auf Personen männlichen Geschlechts, die durch Männer mit dem Bauern verwandt sind. Hierbei können Anerbenberechtigte der vierten bis sechsten Ordnung hinter männlichen Verwandten, die nicht zu den Anerbenberechtigten im Sinne des § 20 des Gesetzes gehören, zurückgesetzt oder ganz ausgeschlossen werden.

(2) In der Hofsatzung ist ferner zu regeln, inwieweit der jeweilige Erbhofeigentümer innerhalb der festgelegten Folgeordnung den Anerben bestimmen kann.

(3) Die Hofsatzung bedarf der gerichtlichen oder notariellen Beurkundung.

(4) Die Hofsatzung unterliegt der Genehmigung der Reichsminister der Justiz und für Ernährung und Landwirtschaft. Vor der Entscheidung ist der Reichsbauernführer zu hören. Bei der Genehmigung kann angeordnet werden, daß die Bestimmung des Anerben in gewissen Fällen der Zustimmung des Anerbengerichts bedarf.

(5) Die Entscheidung über den Antrag auf Genehmigung der Hofsatzung wird dem Antragsteller von Amts wegen zugestellt. Für das Genehmigungsverfahren wird eine volle Gebühr im Sinne der Kostenordnung vom 25. November 1935 (Reichsgesetzbl. I S. 1371) erhoben; der Geschäftswert bestimmt sich nach deren § 24 Abs. 2; die Vorschriften der §§ 7, 28 der Kostenordnung gelten entsprechend.

(6) Die Entscheidung, durch welche die Hofsatzung genehmigt wird, wird mit einer beglaubigten Abschrift der Hofsatzung dem Anerbengericht zugefertigt. Das Anerbengericht trägt von Amts wegen und gebührenfrei in die Erbhöferolle (Spalte Bemerkungen) ein, daß die Anerbenfolge sich nach der genehmigten Hofsatzung richtet.

(7) Für die Änderung oder Aufhebung der Hofsatzung gelten die Vorschriften der vorstehenden Absätze 3 bis 6 entsprechend.

§ 11
Verwaltung und Nutznießung des Ehegatten des Erblassers (§ 26 des Gesetzes).

(1) Durch Testament oder Erbvertrag kann bestimmt werden, daß dem Ehegatten des Erblassers die Verwaltung und Nutznießung des Erbhofs zustehen soll, und zwar für den Fall, daß der Anerbe zur ersten oder vierten Anerbenordnung gehört, bis zur Vollendung des fünfundzwanzigsten Lebensjahres des Anerben, für andere Fälle auch hierüber hinaus.

(2) Hat der Anerbe das dreißigste Lebensjahr vollendet, so kann das Anerbengericht auf Antrag des Landesbauernführers die im Abs. 1 bezeichnete Verwaltung und Nutznießung aufheben.

§ 12

Hofname (§ 27 des Gesetzes).

(1) Hat der Erblasser gemäß §§ 27, 28 des Gesetzes durch Verfügung von Todes wegen bestimmt, daß der Anerbe als Zusatz zu seinem Namen den Hofnamen führt, so tritt die Namensänderung mit dem Anfall des Erbhofs ein; sie erstreckt sich nicht auf den Ehegatten oder die Kinder des Anerben.

(2) Der Hofname wird im Falle des Absatzes 1 durch einen Bindestrich mit dem Familiennamen des Anerben verbunden. Bestehen Zweifel über den Hofnamen, so entscheidet auf Antrag eines Beteiligten oder von Amts wegen das Anerbengericht endgültig. Das Anerbengericht soll vor der Entscheidung den Kreisbauernführer hören. Das Anerbengericht teilt dem Nachlaßgericht beglaubigte Abschrift seiner Entscheidung mit.

(3) Der Anerbe kann, wenn ein wichtiger Grund vorliegt, die Führung des Namenszusatzes durch Erklärung gegenüber dem Anerbengericht ablehnen. Die Vorschriften über die Ausschlagung einer Erbschaft finden entsprechende Anwendung. Darüber, ob ein wichtiger Grund vorliegt, entscheidet von Amts wegen nach Anhörung des Kreisbauernführers das Anerbengericht endgültig. Das Anerbengericht teilt dem Nachlaßgericht beglaubigte Abschrift seiner Entscheidung mit.

(4) Sobald der Namenszusatz und seine Annahme feststehen, veranlaßt das Nachlaßgericht die Eintragung eines Randvermerks im Geburts- und Heiratsregister des Anerben.

(5) Für das Verfahren des Anerbengerichts und des Nachlaßgerichts gemäß den Absätzen 2 bis 4 werden keine Gebühren erhoben.

§ 13

Form der Bestimmung des Anerben oder der Anordnung der Verwaltung und Nutznießung.

(1) Der Erblasser kann die Erklärung, durch die er für den Erbhof einen Anerben bestimmt oder die nach seinem Tode eintretende Verwaltung und Nutznießung am Erbhof anordnet, außer durch Testament oder Erbvertrag (§ 28 des Gesetzes) auch mündlich zur Niederschrift vor dem Vorsitzenden des zuständigen Anerbengerichts oder vor einem Notar abgeben.

(2) Die Form der Beurkundung richtet sich nach den für die gerichtliche oder notarielle Beurkundung eines Rechtsgeschäfts unter Lebenden geltenden Vorschriften. Die Urkunde soll nicht als Testament bezeichnet werden. Im übrigen steht die Urkunde einem vor einem Richter oder Notar in ordentlicher Form errichteten Testament gleich; dies gilt insbesondere für die Verwahrung, den Widerruf, die Eröffnung und die Beweiskraft der Urkunde.

§ 14

Haftung für die Nachlaßverbindlichkeiten (§ 34 des Gesetzes).

(1) Der Anerbe haftet, auch wenn er am übrigen Nachlaß nicht als Miterbe beteiligt ist, für die Nachlaßverbindlichkeiten als Gesamtschuldner.

(2) Der Anerbe haftet für die Erfüllung der Nachlaßverbindlichkeiten mindestens mit den pfändbaren Nutzungen des Erbhofs. Das durch Pfändung zugunsten eines Nachlaßgläubigers begründete Pfandrecht an

den Nutzungen des Erbhofs hat (in Abweichung von § 804 Abs. 3 der Zivilprozeßordnung) ohne Rücksicht auf die zeitliche Reihenfolge der Pfändungen den Vorrang vor dem Pfändungspfandrecht eines Gläubigers des Anerben, dessen Anspruch vor dem Erbfall begründet ist.

§ 15
Erbschein.

(1) Gehört zu einem Nachlaß ein Erbhof, so ist in dem Erbschein auch der Anerbe als solcher aufzuführen.

(2) Der Anerbe kann auch beantragen, daß ihm das Nachlaßgericht einen Erbschein ausstellt, in dem lediglich seine Folge in den Erbhof bescheinigt wird.

(3) Auf den Nachweis des Übergangs des Erbhofs gemäß § 22 Abs. 3 des Gesetzes, §§ 20, 21, 22, 24 dieser Verordnung finden die Vorschriften über den Erbschein entsprechende Anwendung.

§ 16
Feststellung, daß kein Anerbe vorhanden ist.

(1) Besteht Grund zu der Annahme, daß kein Anerbe vorhanden ist (§ 25 Abs. 5 Satz 2 des Gesetzes), so hat das Nachlaßgericht von Amts wegen den Sachverhalt aufzuklären.

(2) Das Nachlaßgericht kann eine öffentliche Aufforderung zur Anmeldung des Anerbenrechts erlassen. Die Art der Bekanntmachung und die Dauer der Anmeldefrist bestimmen sich nach den für das Aufgebotsverfahren geltenden Vorschriften der §§ 948 bis 950 der Zivilprozeßordnung. Die öffentliche Aufforderung soll auch in dem amtlichen Blatt der Landesbauernschaft und in einer örtlichen Tageszeitung veröffentlicht werden.

(3) Ergeben die Ermittlungen, daß kein Anerbe vorhanden ist, so stellt das Nachlaßgericht dies in einem Beschluß fest. Der Beschluß ist dem Reichsbauernführer, gegebenenfalls auch denjenigen, der behauptet, Anerbe zu sein, von Amts wegen zuzustellen. Das Verfahren ist gebührenfrei.

(4) Der Kreisbauernführer kann beim Nachlaßgericht den Erlaß eines Beschlusses des im Abs. 3 vorgesehenen Inhalts beantragen. Wird der Antrag abgelehnt, so steht dem Kreisbauernführer das Recht der sofortigen Beschwerde und dem Landesbauernführer das Recht der sofortigen weiteren Beschwerde zu.

(5) Die Feststellung (Abs. 3) begründet die Vermutung, daß ein Anerbe nicht vorhanden ist.

(6) Wer ein berechtigtes Interesse glaubhaft macht, kann die Ermittlungen des Nachlaßgerichts einsehen. Er kann auch eine Abschrift der einzusehenden Schriftstücke fordern. Die Abschrift ist auf Verlangen zu beglaubigen.

4. Abschnitt.
Ehegattenerbhöfe.

§ 17
Erbhöfe im Miteigentum von Ehegatten.

(1) Befindet sich am 1. Oktober 1933 (dem Tage des Inkrafttretens des Reichserbhofgesetzes) eine Besitzung, die, abgesehen vom Alleineigen-

tum, den Voraussetzungen der §§ 1 bis 4, 6 des Gesetzes entspricht, im Gesamtgut einer ehelichen Gütergemeinschaft oder sonst im Miteigentum von bauernfähigen Ehegatten, so ist die Besitzung vom Inkrafttreten des Gesetzes ab Erbhof.

(2) Erfüllt beim Inkrafttreten dieser Verordnung eine Besitzung, die bis dahin noch nicht Erbhof geworden ist, die im Abs. 1 vorgesehenen Voraussetzungen (abgesehen von dem dort vorgesehenen Stichtag), so ist sie vom Inkrafttreten dieser Verordnung ab Erbhof. Die Vorschriften des § 1 dieser Verordnung finden keine Anwendung.

(3) Eine Besitzung, die noch nicht Erbhof ist, wird Erbhof, sobald sie nach dem Inkrafttreten dieser Verordnung die Voraussetzungen des vorstehenden Absatzes 1 und die des § 1 dieser Verordnung erfüllt.

(4) Auf Antrag eines der Ehegatten oder des Kreisbauernführers kann das Anerbengericht bestimmen, daß das Fehlen der Bauernfähigkeit eines der Ehegatten die Entstehung der Erbhofeigenschaft nicht hindert. Das Anerbengericht darf dem Antrag nur entsprechen, wenn der nichtbauernfähige Ehegatte wenigstens die Erfordernisse der §§ 12, 13 des Gesetzes erfüllt und wenn der andere Ehegatte bauernfähig ist und nach seiner Persönlichkeit die Gewähr dafür bietet, daß der Hof ordnungsmäßig bewirtschaftet wird. Die Vorschriften des § 48 Abs. 2, § 49 Abs. 2 des Gesetzes finden entsprechende Anwendung. Sobald der dem Antrag entsprechende Beschluß rechtskräftig geworden ist, gilt die Befreiung als erteilt, und zwar mit Wirkung vom Beginn des Tages ab, an dem der Antrag beim Anerbengericht eingegangen ist.

§ 18

Ehegattenerbhöfe, die sich aus verschiedenen Eigentumsarten zusammensetzen.

(1) Befindet sich am 21. Dezember 1933 (dem Tage des Inkrafttretens der Zweiten Durchführungsverordnung) eine von einer Hofstelle aus bewirtschaftete Besitzung

1. zum Teil im Alleineigentum des Ehemannes und zum Teil im Alleineigentum der Ehefrau oder
2. zum Teil im gemeinwirtschaftlichen Eigentum beider Ehegatten und zum Teil im Alleineigentum eines oder jedes der Ehegatten

und entspricht die Besitzung zu diesem Zeitpunkt, abgesehen von diesen Eigentumsverhältnissen, den Voraussetzungen der §§ 1 bis 4, 6 des Gesetzes, namentlich auch hinsichtlich der Bauernfähigkeit beider Ehegatten, so ist die Besitzung von diesem Zeitpunkt ab Erbhof.

(2) Erfüllt beim Inkrafttreten dieser Verordnung eine Besitzung, die bis dahin noch nicht Erbhof geworden ist, die im Abs. 1 vorgesehenen Voraussetzungen (abgesehen von dem dort bezeichneten Stichtag), so wird sie mit dem Inkrafttreten dieser Verordnung Erbhof. Die Vorschriften des § 1 dieser Verordnung finden keine Anwendung.

(3) Eine Besitzung, die noch nicht Erbhof ist, wird Erbhof, sobald sie nach dem Inkrafttreten dieser Verordnung die Voraussetzungen des vorstehenden Absatzes 1 und die des § 1 dieser Verordnung erfüllt.

(4) Die Vorschriften des § 17 Abs. 4 finden entsprechende Anwendung.

§ 19

Rechtliche Behandlung der Ehegattenerbhöfe.

Für die Ehegattenerbhöfe sind dieselben Vorschriften maßgebend, welche allgemein für Erbhöfe gelten, soweit sich nicht aus den nachstehenden §§ 20 bis 23 etwas anderes ergibt.

§ 20

Bestimmung des Anerben.

(1) Jeder Ehegatte kann den anderen Ehegatten zum Anerben bestimmen.

(2) Die Ehegatten können ferner durch gemeinschaftliches Testament oder durch Erbvertrag bestimmen, daß der Erbhof nach dem Tode des Erstversterbenden oder des Überlebenden an eine Person als Anerben fallen soll, die nach dem Reichserbhofgesetz als Anerbe des einen oder des anderen Ehegatten berufen wäre oder bestimmt werden könnte.

(3) Der überlebende Ehegatte, der Anerbe geworden ist, kann, falls er nicht durch eine gemeinschaftliche Verfügung von Todes wegen gebunden ist, auch einseitig bestimmen, daß der Hof nach seinem Tode an eine Person fallen soll, die nach dem Reichserbhofgesetz als Anerbe des einen oder des andern Ehegatten berufen wäre oder bestimmt werden könnte.

(4) Die Vorschriften, nach denen in gewissen Fällen die Zustimmung des Anerbengerichts erforderlich ist, bleiben unberührt. Dies gilt nicht für Verfügungen von Todes wegen, die bei Ehegattenerbhöfen aus § 17 vor dem Inkrafttreten des Gesetzes, bei Ehegattenerbhöfen aus § 18 vor dem 21. Dezember 1933 errichtet worden sind.

§ 21

Recht der Ehefrau, in besonderen Fällen den Anerben einseitig zu bestimmen.

(1) Hat die Ehefrau den wirtschaftlich bedeutenderen Teil des den Erbhof bildenden Besitzes in die Ehe eingebracht, so kann sie, solange sie nicht durch eine gemeinschaftliche Verfügung von Todes wegen gebunden ist, mit Zustimmung des Anerbengerichts auch ohne Mitwirkung des Mannes bestimmen, daß sie selbst Anerbin des Mannes sein soll, oder daß der Hof beim Tode des Mannes oder bei ihrem eigenen Vorversterben an eine Person als Anerben fallen soll, die nach dem Reichserbhofgesetz als Anerbe des einen oder des anderen Ehegatten bestimmt werden könnte, oder daß ihr selbst oder dem anderen Ehegatten die Verwaltung und Nutznießung am Erbhof zustehen soll, und zwar auch über das fünfundzwanzigste Lebensjahr des Anerben hinaus.

(2) Die Frau kann die im Abs. 1 vorgesehenen Verfügungen nur bei Lebzeiten des Mannes und nur in Form eines öffentlichen Testaments vornehmen; die Errichtung des Testaments durch Übergabe einer verschlossenen Schrift ist ausgeschlossen. Die Bestimmung ist nur wirksam, wenn dem Ehemann eine beglaubigte Abschrift zugestellt wird; der beurkundende Richter oder Notar hat die Zustellung von Amts wegen zu veranlassen.

(3) Jeder der Ehegatten kann beim Anerbengericht den Antrag auf Entscheidung über die Zustimmung zu dem Testament stellen.

(4) Das Anerbengericht kann auf Antrag bestimmen, daß dem überlebenden Ehegatten, falls er nicht Anerbe wird, die Verwaltung und Nutznießung zustehen soll, und zwar auch über das fünfundzwanzigste Lebensjahr des von der Frau bestimmten Anerben hinaus.

(5) In den Fällen der vorstehenden Absätze finden die Vorschriften des § 48 Abs. 2, § 49 Abs. 2 des Gesetzes entsprechende Anwendung.

§ 22
Gesetzliche Anerbenfolge.

(1) Machen die Ehegatten von dem Recht, den Anerben gemäß §§ 20, 21 zu bestimmen, keinen Gebrauch, so fällt der Erbhof beim Tode der Frau dem Manne als Anerben an.

(2) Stirbt der Mann, gleichviel ob vor oder nach der Frau, so fällt der Hof derjenigen Person als Anerben an, die nach dem Reichserbhofgesetz als Anerbe des Mannes berufen ist.

(3) Im Falle des Absatzes 2 steht der Frau bis zur Vollendung des fünfundzwanzigsten Lebensjahres des Anerben die Verwaltung und Nutznießung des Hofes zu, soweit dieses Recht nicht durch eine gemeinschaftliche Verfügung von Todes wegen ausgeschlossen oder beschränkt ist. Unter der gleichen Voraussetzung kann das Anerbengericht in besonderen Fällen zur Vermeidung einer unbilligen Härte auf Antrag bestimmen, daß der überlebenden Ehefrau auch über das fünfundzwanzigste Lebensjahr des Anerben hinaus die Verwaltung und Nutznießung des Erbhofs zustehen soll.

§ 23
Ehescheidung.

(1) Die Erbhofeigenschaft eines Ehegattenerbhofs wird nicht dadurch berührt, daß die Ehe rechtskräftig geschieden wird.

(2) Auf Antrag eines der geschiedenen Ehegatten leitet das Anerbengericht das Verfahren zur Auseinandersetzung über den Erbhof ein (§§ 67 ff. der Erbhofverfahrensordnung).

§ 24
Fortgesetzte Gütergemeinschaft.

(1) Gehört eine Besitzung, die, abgesehen vom Alleineigentum, den Voraussetzungen der §§ 1 bis 4, 6 des Gesetzes entspricht, beim Inkrafttreten des Reichserbhofgesetzes zum Gesamtgut einer fortgesetzten Gütergemeinschaft, so ist sie vom Inkrafttreten des Gesetzes ab Erbhof. Die Entstehung der Erbhofeigenschaft wird nicht dadurch ausgeschlossen, daß nicht alle anteilsberechtigten Abkömmlinge bauernfähig sind; jedoch muß der überlebende Ehegatte und mindestens einer der anteilsberechtigten Ankömmlinge bauernfähig sein.

(2) Haben die Ehegatten vor Eintritt der fortgesetzten Gütergemeinschaft gemeinschaftlich einen Anerben bestimmt (etwa gemäß §§ 1515, 1516 des Bürgerlichen Gesetzbuchs), so fällt der Erbhof beim Tode des überlebenden Ehegatten dieser Person als Anerben an, falls sie nach dem Reichserbhofgesetz zum Anerben des einen oder des andern Ehegatten hätte bestimmt werden können.

(3) Haben die Ehegatten den Anerben nicht gemeinschaftlich bestimmt, so kann mit Zustimmung des Anerbengerichts auch der überlebende Ehe-

gatte unter den anteilsberechtigten Abkömmlingen den Anerben bestimmen.

(4) Haben die Ehegatten den Anerben nicht gemeinschaftlich bestimmt und hat auch der überlebende Ehegatte von dem Recht des Absatz 3 keinen Gebrauch gemacht, so fällt der Hof bei Beendigung der fortgesetzten Gütergemeinschaft derjenigen Person als Anerben an, die nach dem Reichserbhofgesetz als Anerbe des Mannes berufen ist. Hierbei gehen die anteilsberechtigten Abkömmlinge andern Anerbenberechtigten vor.

(5) Die Vorschriften des Absatzes 4 gelten nicht, wenn alle Anteile an der fortgesetzten Gütergemeinschaft sich in der Hand des überlebenden Ehegatten vereinigen (§§ 1490, 1491 des Bürgerlichen Gesetzbuchs).

(6) Im Falle des Absatzes 4 kann das Anerbengericht auf Antrag bestimmen, daß in der Zeit nach Beendigung der fortgesetzten Gütergemeinschaft dem überlebenden Ehegatten die Verwaltung und Nutznießung des Erbhofs zustehen soll, und zwar auch über das fünfundzwanzigste Lebensjahr des Anerben hinaus. Das gilt nicht, wenn die fortgesetzte Gütergemeinschaft auf Grund des § 1495 des Bürgerlichen Gesetzbuchs durch Urteil aufgehoben worden ist.

(7) In den Fällen der Absätze 3, 6 finden die Vorschriften des § 48 Abs. 2, § 49 Abs. 2 des Gesetzes entsprechende Anwendung.

§ 25

Siedlungsverträge, die vor dem 1. Oktober 1933 mit Ehegatten abgeschlossen sind.

(1) Erwerben bauernfähige Eheleute in einem Verfahren zur Neubildung deutschen Bauerntums (Neusiedlungs- oder Anliegersiedlungsverfahren) im Sinne des Reichssiedlungsgesetzes vom 11. August 1919 oder des Gesetzes über die Neubildung deutschen Bauerntums vom 14. Juli 1933 auf Grund eines vor dem 1. Oktober 1933 abgeschlossenen Vertrages nach dem 30. September 1933 eine Siedlungsstelle als Teil des Gesamtguts ihrer ehelichen Gütergemeinschaft oder sonst als ihr gemeinsames Eigentum und entspricht diese Besitzung, abgesehen vom Alleineigentum, den Voraussetzungen der §§ 1 bis 4, 6 des Gesetzes, so wird die Besitzung mit der Überführung in das Eigentum der Ehegatten Erbhof.

(2) Die Vorschriften der §§ 19 bis 23 dieser Verordnung finden Anwendung.

5. Abschnitt.

Beschränkungen der Veräußerung oder Belastung des Erbhofs.

§ 26

Eigentümergrundschuld. Auszahlung einer Hypothek.

(1) Als Belastung des Grundstücks im Sinne des § 37 des Gesetzes gilt auch die Veräußerung oder Belastung einer Eigentümergrundschuld.

(2) Ist bei einer Besitzung vor dem Zeitpunkt, in dem sie Erbhof geworden ist, eine Hypothek eingetragen, der Gegenwert aber noch nicht ausgezahlt, so hindert die Vorschrift des § 37 Abs. 1 des Gesetzes den Gläubiger nicht, durch Auszahlung des Gegenwerts die Hypothek zu erwerben.

§ 27

Teilung eines Erbhofs.
Entziehung der Erbhofeigenschaft.

(1) Vom Inkrafttreten des Gesetzes ab bedarf die Bildung mehrerer Erbhöfe durch Teilung eines bestehenden Erbhofs der Genehmigung des Anerbengerichts.

(2) Einzelnen Teilen des Erbhofs kann die Erbhofeigenschaft nur mit Genehmigung des Anerbengerichts entzogen werden.

(3) § 48 Abs. 2, § 49 Abs. 2 des Gesetzes finden entsprechende Anwendung.

§ 28

Tilgungsversicherung.

(1) Ist ein Erbhof von einer öffentlich-rechtlichen Kreditanstalt, insbesondere von einer Landschaft, beliehen, so kann das Anerbengericht gemäß §§ 9, 37 Abs. 2 des Gesetzes genehmigen, daß ein zur Abtragung der Hofschuld angesammeltes Tilgungsguthaben und künftige Tilgungsbeträge gemäß den Satzungen der Kreditanstalt als Gegenleistung für eine Lebensversicherung verwendet werden. Die Genehmigung ist nicht erforderlich, wenn die Vereinbarung über diese Art der Verwendung der Tilgungsbeträge schon vor dem Zeitpunkt getroffen ist, in dem die Besitzung Erbhof geworden ist.

(2) Der Versicherer hat die ihm aus einer solchen Tilgungsversicherung obliegenden Leistungen (Versicherungssumme, Rückvergütung bei vorzeitiger Beendigung des Versicherungsverhältnisses) bei Fälligkeit mindestens insoweit an die Kreditanstalt abzuführen, als sich bei dieser ohne den Abschluß der Versicherung aus pflichtmäßigen Tilgungsbeträgen ein Tilgungsguthaben ergeben hätte.

(3) Die Kreditanstalt hat die gemäß Abs. 2 an sie abzuführenden Beträge zum Tilgungsfonds zu vereinnahmen und zur Abdeckung rückständiger Darlehnszinsen sowie des Darlehns selbst zu verwenden.

(4) Beim Vorliegen eines wichtigen Grundes kann das Anerbengericht genehmigen, daß die Kreditanstalt in Abweichung von Abs. 3 die Leistungen des Versicherers ganz oder teilweise zur Auszahlung für andere Zwecke freigibt.

(5) Für die Anwendung der Absätze 2 bis 4 macht es keinen Unterschied, ob die Vereinbarung über die im Abs. 1 vorgesehene Art der Verwendung der Tilgungsbeträge vor oder nach dem Zeitpunkt getroffen worden ist, in dem die Besitzung Erbhofeigenschaft erlangt hat.

§ 29

Bestandteilszuschreibung.

(1) Soll ein Erbhofgrundstück einem mit einer Hypothek, Grundschuld oder Rentenschuld belasteten Erbhofgrundstück als Bestandteil zugeschrieben werden (§ 53 des Gesetzes, § 890 Abs. 2, § 1131 des Bürgerlichen Gesetzbuchs), so ist gemäß § 37 Abs. 2 des Gesetzes hierzu die Genehmigung des Anerbengerichts erforderlich, es sei denn, daß die Belastung des Hauptgrundstücks sich bereits vor der Zuschreibung auf das zuzuschreibende Grundstück erstreckt.

(2) Hat das Grundbuchamt vor dem Inkrafttreten dieser Verordnung in Abweichung von Abs. 1 ohne die Genehmigung des Anerbengerichts

eine solche Zuschreibung vorgenommen, so gilt sie unbeschadet der Vorschriften zugunsten derjenigen, die Rechte von einem Nichtberechtigten herleiten, als eine zur Zeit der Zuschreibung erfolgte Vereinigung im Sinne des § 890 Abs. 1 des Bürgerlichen Gesetzbuchs. Das Grundbuchamt hat die Eintragung von Amts wegen zu berichtigen. Die Berichtigung ist gebührenfrei.

(3) In den Fällen des Absatzes 2 steht es dem Bauern frei, beim Anerbengericht die Genehmigung dazu nachzusuchen, daß das Grundstück dem belasteten Grundstück als Bestandteil zugeschrieben wird. Macht er von dieser Befugnis binnen drei Monaten nach dem Inkrafttreten dieser Verordnung Gebrauch, so ergeht die Entscheidung des Anerbengerichts gebührenfrei; auch die Eintragung der Bestandteilszuschreibung im Grundbuch erfolgt gebührenfrei, wenn der Bauer sie binnen einem Monat nach Rechtskraft der Entscheidung des Anerbengerichts beantragt.

§ 30
Verpachtung des Erbhofs.

(1) Ein Vertrag, durch den der Erbhof oder ein Teil des Erbhofs für einen Zeitraum von mehr als einem Jahr oder auf unbestimmte Zeit verpachtet wird, bedarf der Genehmigung des Anerbengerichts.

(2) § 48 Abs. 2, § 49 Abs. 2 des Gesetzes finden entsprechende Anwendung.

§ 31
Alte Veräußerungs- oder Belastungsanträge.

(1) Die im § 37 des Gesetzes vorgesehene anerbengerichtliche Genehmigung ist auch dann erforderlich, wenn zu dem Zeitpunkt, in dem die Besitzung Erbhof geworden ist, die auf Veräußerung oder Belastung gerichtete Erklärung des Eigentümers bindend und der Antrag auf Eintragung beim Grundbuchamt gestellt, die Eintragung aber vor dem vorbezeichneten Zeitpunkt noch nicht bewirkt worden ist.

(2) Das Anerbengericht soll in den Fällen des Absatzes 1 in der Regel die Genehmigung erteilen, wenn nicht besondere Gründe dagegen sprechen.

§ 32
Ausnahmen vom Belastungs- und Veräußerungsverbot.

(1) Die im § 37 des Gesetzes vorgesehene anerbengerichtliche Genehmigung ist nicht erforderlich

1. für die Belastung des Erbhofs mit Grunddienstbarkeiten, beschränkten persönlichen Dienstbarkeiten oder öffentlichen Lasten;
2. zur Einbeziehung eines Erbhofs in ein Verfahren zur Grundstücksumlegung (Flur- oder Feldbereinigung);
3. für die von der Siedlungsbehörde zugelassene Belastung derjenigen Erbhöfe, die in einem Verfahren zur Neubildung deutschen Bauerntums (Neusiedlungs- oder Anliegersiedlungsverfahren) auf Grund des Reichssiedlungsgesetzes vom 11. August 1919 oder des Gesetzes über die Neubildung deutschen Bauerntums vom 14. Juli 1933 gebildet werden;
4. für die Belastung eines Erbhofs, wenn die Besitzung erst durch ein

Veräußerungsgeschäft Erbhofeigenschaft erlangt und die Belastung im Zusammenhang mit dem Veräußerungsgeschäft erfolgt;

5. für die Eintragung der im § 128 des Zwangsversteigerungsgesetzes vorgesehenen Sicherungshypothek gegen den Ersteher.

(2) Die anerbengerichtliche Genehmigung ist ferner nicht erforderlich, wenn im Osthilfegebiet (§ 97 Abs. 1 des Schuldenregelungsgesetzes vom 1. Juni 1933) in einem beim Inkrafttreten des Reichserbhofgesetzes anhängigen Entschuldungsverfahren ein Erbhof mit einer Entschuldungshypothek zugunsten der Bank für deutsche Industrie-Obligationen oder mit einer Betriebssicherungshypothek zugunsten des Reichs belastet werden soll.

§ 33

Verpflichtungsgeschäft.

(1) Bedarf eine Verfügung über den Erbhof der anerbengerichtlichen Genehmigung, so ist diese auch zu einem Rechtsgeschäft erforderlich, das die Eingehung einer Verpflichtung zu einer solchen Verfügung zum Gegenstand hat. Dies gilt nicht für Verpflichtungsgeschäfte, die vor dem Inkrafttreten dieser Verordnung abgeschlossen worden sind.

(2) Wird das Verpflichtungsgeschäft genehmigt, so gilt die Genehmigung auch für das diesem Verpflichtungsgeschäft entsprechende Erfüllungsgeschäft als erteilt.

(3) Die Ausübung eines Vorkaufsrechts ist nicht davon abhängig, daß das Rechtsgeschäft, auf das sich das Vorkaufsrecht erstreckt, die anerbengerichtliche Genehmigung gefunden hat. Hinsichtlich des Vertragsverhältnisses, das durch die Ausübung des Vorkaufsrechts zwischen dem Vorkaufsberechtigten und dem Verpflichteten zustande kommt, bewendet es bei den Vorschriften der Absätze 1, 2.

§ 34

Verhältnis zu den Verfügungsbeschränkungen des Landwirtschaft- und Siedlungsrechts.

(1) Die Verordnung über den Verkehr mit landwirtschaftlichen Grundstücken vom 15. März 1918 (Reichsgesetzbl. S. 123) sowie die sonstigen reichs- oder landesgesetzlichen Vorschriften, welche die Veräußerung, Teilung oder Belastung von Grundstücken oder die Aufhebung ihrer wirtschaftlichen Selbständigkeit (oder die Eingehung einer Verpflichtung zu einer solchen Maßnahme) verbieten oder beschränken, finden auf Erbhöfe keine Anwendung.

(2) Rechtsgeschäfte, die der zuständigen Behörde noch nicht gemäß den im Abs. 1 erwähnten Vorschriften zur Genehmigung vorgelegt worden sind oder über deren Genehmigung die zuständige Behörde beim Inkrafttreten dieser Verordnung noch nicht rechtskräftig entschieden hat, sind so anzusehen, als wenn die Behörde die Genehmigung ohne Einschränkung erteilt hätte.

(3) Die vorstehenden Absätze gelten nicht für die Beschränkungen, die sich aus dem Gesetz über die Aufschließung von Wohnsiedlungsgebieten vom 22. September 1933 (Reichsgesetzbl. I S. 659) sowie aus dem Gesetz zur Regelung der landwirtschaftlichen Schuldverhältnisse vom 1. Juni 1933 (Reichsgesetzbl. I S. 331) ergeben.

§ 35
Verhältnis zu sonstigen siedlungsrechtlichen Beschränkungen.

(1) Auf einem Siedlungs- oder Rentengutsverfahren beruhende Wiederkaufs-, Ankaufs- und Heimfallrechte sowie ähnliche auf einem solchen Verfahren beruhende Beschränkungen des Eigentums am Erbhof erlöschen mit dem Inkrafttreten dieser Verordnung, bei künftig entstehenden Erbhöfen mit der Erlangung der Erbhofeigenschaft.

(2) Soweit Rechte der im Abs. 1 bezeichneten Art in das Grundbuch eingetragen sind, werden sie nach und nach von Amts wegen gebührenfrei gelöscht. Die Vorschriften des § 46 Abs. 2 dieser Verordnung gelten entsprechend.

(2) Das Vorkaufsrecht des gemeinnützigen Siedlungsunternehmens und des Landlieferungsverbandes gemäß §§ 4, 11, 14 des Reichssiedlungsgesetzes vom 11. August 1919 (Reichsgesetzbl. S. 1429) bleibt unberührt.

§ 36
Streitigkeiten über vertragliche Versorgungsansprüche.

(1) Das Anerbengericht ist zuständig für die Entscheidung von Streitigkeiten über Versorgungsansprüche, die dem Übergeber eines Erbhofs oder seinen Familienangehörigen auf Grund des Übergabevertrags oder auf Grund eines aus Anlaß der Übergabe geschlossenen Rechtsgeschäfts gegenüber dem Übernehmer zustehen, und zwar gleichviel, ob der Vertrag vor oder nach Entstehung der Erbhofeigenschaft des Anwesens abgeschlossen worden ist.

(2) Das gleiche gilt für Versorgungsansprüche von Familienangehörigen des Bauern, die auf einer vom Bauern mit seinen Familienangehörigen oder dem Anerben getroffenen Vereinbarung oder auf einer Verfügung von Todes wegen beruhen und gegen einen Anerben des Bauern geltend gemacht werden, auf den der Erbhof nicht durch Übergabevertrag, sondern von Todes wegen übergegangen ist.

(3) Das Anerbengericht kann die Versorgungsleistungen (Abs. 1, 2), soweit dies unter Berücksichtigung der Umstände des Falles der Billigkeit entspricht, auf Antrag anderweitig festsetzen. Dies gilt insbesondere dann, wenn die Verhältnisse, welche für die Bemessung der Leistungen maßgebend waren, sich seit dem Abschluß des Vertrags oder seit der Errichtung der Verfügung von Todes wegen wesentlich verändert haben.

(4) Soweit die Versorgungsansprüche bereits den Gegenstand einer anerbengerichtlichen Entscheidung gebildet haben (etwa bei Genehmigung eines Übergabevertrags), können sie nur dann auf Grund des Absatzes 3 anderweitig festgesetzt werden, wenn die Verhältnisse, welche für die Bemessung der Leistungen maßgebend waren, sich seit Erlaß der Entscheidung wesentlich verändert haben.

(5) Soweit gemäß vorstehenden Vorschriften das Anerbengericht zuständig ist, finden die Vorschriften des Gesetzes über die anderweitige Festsetzung von Geldleistungen aus Altenteilsverträgen vom 18. August 1923 (Reichsgesetzbl. I S. 815) keine Anwendung.

(6) Für Verfahren, die bei Inkrafttreten dieser Verordnung bereits anhängig sind, bleiben die bisher geltenden Vorschriften maßgebend.

6. Abschnitt.

Beschränkungen der Zwangsvollstreckung.

§ 37
Vollstreckung in Forderungen.

(1) Die Zwangsvollstreckung in Forderungen, die dem Bauern aus dem Verkauf von Erzeugnissen des Erbhofs, oder in Miet- oder Pachtzinsforderungen, die dem Bauern aus der Vermietung oder Verpachtung von Erbhofgrundstücken zustehen, unterliegt folgenden Beschränkungen.

(2) Die Pfändung ist auf Antrag des Bauern vom Vollstreckungsgericht (im Verwaltungszwangsverfahren von der Vollstreckungsbehörde) insoweit aufzuheben, als der Bauer die Einkünfte braucht, um sich und seine Familie zu ernähren und zu bekleiden sowie den Wirtschaftsablauf des Hofs zu erhalten.

(3) Die Voraussetzungen des Absatzes 2 sind insbesondere insoweit nicht erfüllt, als der Bauer den vorbezeichneten Bedarf unmittelbar aus den Erzeugnissen des Hofs entnehmen (§ 2 Abs. 2, § 39 Abs. 1 des Gesetzes) oder aus sonstigen Einkünften decken kann.

§ 38
Eigentümergrundschuld

Das im § 38 des Gesetzes ausgesprochene Verbot, in einen Erbhof zu vollstrecken, bewirkt, daß auch eine Eigentümergrundschuld am Erbhof wegen einer Geldforderung nicht gepfändet werden kann.

§ 39
Maßnahmen gegen mißbräuchliche Beanspruchung des Vollstreckungsschutzes.

(1) Ist ein Grundstück, das keine Erbhofeigenschaft hat, durch eine Rechtshandlung, die der Anfechtung wegen Gläubigerbenachteiligung unterliegt, veräußert worden und macht der Anfechtungsbeklagte geltend, daß das Grundstück Erbhofeigenschaft erlangt habe, so kann das Prozeßgericht dem Antrage, den Beklagten ohne Vorbehalt des Vollstreckungsschutzes des § 38 des Gesetzes zur Duldung der Zwangsvollstreckung in das Grundstück zu verurteilen, nur entsprechen, nachdem das Anerbengericht in einem auf Antrag eingeleiteten Verfahren rechtskräftig die Erbhofeigenschaft verneint hat (Abs. 3).

(2) Hat ein Schuldner ein Grundstück, das keine Erbhofeigenschaft hat, veräußert, nachdem es zum Zwecke der Zwangsvollstreckung beschlagnahmt worden ist, und wird geltend gemacht, daß das Grundstück Erbhofeigenschaft erlangt habe, so darf das Vollstreckungsgericht, falls die Behauptung der Erbhofeigenschaft nicht offenbar unrichtig ist, das Versteigerungsverfahren erst fortsetzen, nachdem das Anerbengericht in einem auf Antrag eingeleiteten Verfahren rechtskräftig die Erbhofeigenschaft des Grundstücks verneint hat (Abs. 3). Gelangt das Anerbengericht rechtskräftig zur Bejahung der Erbhofeigenschaft, so hebt das Vollstreckungsgericht die Beschlagnahme auf.

(3) In den Fällen der Absätze 1, 2 hat das Anerbengericht die Erbhofeigenschaft auch dann zu verneinen, wenn die Veräußerung sich als eine unlautere Machenschaft oder als ein Versuch zur mißbräuchlichen Beanspruchung des im § 38 des Gesetzes vorgesehenen Vollstreckungsschutzes darstellt.

(4) Die vorstehenden Vorschriften gelten auch für Verfahren, die beim Inkrafttreten dieser Verordnung bereits anhängig sind.

§ 40
Niederschlagung der Kosten.

Wird infolge des Vollstreckungsverbots des § 38 des Gesetzes ein Zwangsversteigerungs- oder Zwangsverwaltungsverfahren aufgehoben, so werden die staatlichen Gebühren des Verfahrens niedergeschlagen; bereits gezahlte Beträge sind zurückzuerstatten.

§ 41
Beitreibung öffentlich-rechtlicher Geldforderungen.

(1) Unterliegt eine unter § 39 Abs. 1 des Gesetzes fallende öffentlich-rechtliche Geldforderung der Beitreibung im Wege des Verwaltungszwangsverfahrens, so gelten die folgenden Bestimmungen:

(2) Die mit der Beitreibung befaßte Vollstreckungsbehörde stellt eine Erklärung aus, in der sie

1. Gläubiger und Schuldner sowie Grund und Höhe des Anspruchs bezeichnet,
2. die Verfügung (Entscheidung, Anordnung, Beschluß) angibt, aus der die Verpflichtung zur Zahlung hervorgeht,
3. bescheinigt, daß der Anspruch vollstreckbar und im Verwaltungszwangsverfahren beizutreiben ist.

(3) Die Vollstreckungsbehörde läßt diese Bescheinigung dem Kreisbauernführer zustellen. Hierdurch wird die im § 39 Abs. 2 des Gesetzes vorgesehene Zustellung des Vollstreckungstitels ersetzt.

(4) Will der Kreisbauernführer gemäß § 39 Abs. 3 des Gesetzes die Schuld für den Reichsnährstand übernehmen, so hat er dies der Vollstreckungsbehörde gegenüber zu erklären. Der Reichsnährstand befriedigt den Gläubiger durch Zahlung an die Vollstreckungsbehörde. Die Verpflichtung des Reichsnährstandes zur Befriedigung des Gläubigers ist abhängig von der Aushändigung einer von der Vollstreckungsbehörde vollzogenen und mit dem Dienstsiegel versehenen Bescheinigung, die den im Abs. 2 angegebenen Inhalt hat und außerdem die Bestätigung enthält, daß der Reichsnährstand die Schuld übernommen und beglichen hat und daß gemäß § 39 Abs. 3 des Gesetzes die Forderung gegen den Schuldner auf den Reichsnährstand übergegangen ist.

(5) Ist die im Abs. 4 bezeichnete Bescheinigung dem Kreisbauernführer ausgehändigt worden, so ist der Reichsnährstand berechtigt, die Forderung nach den Vorschriften über die Beitreibung öffentlicher Abgaben beitreiben zu lassen.

7. Abschnitt.
Steuerliche und ähnliche Vergünstigungen.

§ 42
Befreiung von Steuern.

(1) Von der Erbschaftsteuer, Grunderwerbsteuer einschließlich der Zuschläge, der Urkundensteuer und der Steuer der Gemeinden (Gemeindeverbände) vom Zubehör (Gewerbeanschaffungssteuer) sind ausgenommen:

1. der Übergang des Erbhofs auf den Anerben im Wege der Erbfolge oder des Übergabevertrags;
2. die vom Anerbengericht gemäß § 37 des Gesetzes ausnahmsweise zugelassene Übertragung des Erbhofs auf eine nicht anerbenberechtigte Person, wenn der Vertrag seinem sachlichen Inhalt nach einem Übergabevertrag entspricht;
3. der Übergang eines Erbhofs, der im Eigentum mehrerer Personen steht, in das Alleineigentum einer bauernfähigen Person;
4. der Erwerb von Grundbesitz, wenn durch den Erwerb ein neuer Erbhof gebildet wird. Wird eine Besitzung durch den zeitlich aufeinanderfolgenden Erwerb von einzelnen Grundstücken auf eine Ackernahrung vergrößert, so gilt die Befreiung nur für den letzten Erwerb, durch den die Besitzung unmittelbar Erbhofeigenschaft erlangt;
5. der Übergang einer über hundertundzwanzig Hektar großen Besitzung in das Alleineigentum einer bauernfähigen Person oder in das Eigentum eines bauernfähigen Ehepaars, wenn innerhalb von drei Monaten seit dem Übergang der im § 5 des Gesetzes vorgesehene Antrag auf Befreiung von den Erfordernissen des § 3 des Gesetzes beim Anerbengericht eingereicht wird und die Besitzung nach Genehmigung des Antrags Erbhofeigenschaft erlangt.

(2) Wenn im Falle des Absatzes 1 Nr. 5 die Voraussetzung für die Steuerbefreiung erst nach Entstehung der Steuerschuld eintritt, werden die bezeichneten Steuern auf Antrag erlassen oder erstattet; der Antrag kann nur innerhalb eines Jahres seit dem Zeitpunkt gestellt werden, in dem die Besitzung Erbhofeigenschaft erlangt hat.

§ 43
Notarielle oder gerichtliche Gebühren.

(1) Die notariellen oder gerichtlichen Gebühren für die Beurkundung von Erklärungen, welche für den nach § 42 Abs. 1 Nrn. 3 bis 5 steuerlich begünstigten Grundstückserwerb erforderlich sind, werden auf die Hälfte ermäßigt. Dasselbe gilt für die notariellen oder gerichtlichen Gebühren für die Vermittlung der in diesem Zusammenhang erforderlich werdenden Auseinandersetzung einer Gemeinschaft. Die Gerichtskosten für die Umschreibung im Grundbuch werden in diesen Fällen nicht erhoben.

(2) Beträge, die sich bei Anwendung des Absatzes 1 als zuviel gezahlt erweisen, sind zurückzuerstatten.

8. Abschnitt.
Besondere Güterarten.

§ 44
Familienfideikommisse und ähnliche gebundene Vermögen.

(1) Wird ein Familienfideikommiß Erbhof, so regelt sich die Anerbenfolge, solange das Fideikommiß noch nicht aufgelöst oder der Eigentümer noch nach Art eines Vorerben beschränkt ist, nach den fideikommißrechtlichen Bestimmmungen.

(2) Wird eine früher fideikommissarisch gebundene Besitzung, deren Eigentümer noch nach Art eines Vorerben beschränkt ist, Erbhof, so regelt sich die Anerbenfolge, solange der Eigentümer noch nach Art eines Vorerben beschränkt ist, nach den fideikommißrechtlichen Bestimmungen.

(3) Ist der nach den Absätzen 1, 2 zum Anerben Berufene nicht bauernfähig, so bestimmt sich die Anerbenfolge ausschließlich nach dem Reichserbhofgesetz. Das gleiche gilt, wenn nach den fideikommißrechtlichen Bestimmungen mehrere in Rechtsgemeinschaft nebeneinander zur Nachfolge berufen sind.

(4) Gehört der nach den Absätzen 1, 2 zum Anerben Berufene nicht zu einer der im § 20 des Gesetzes aufgeführten Ordnungen, so kann der Fideikommißbesitzer oder der nach Art eines Vorerben beschränkte Eigentümer mit Zustimmung des Anerbengerichts statt des nach den Absätzen 1, 2 Berufenen einen Anerbenberechtigten der vierten bis sechsten Ordnung des § 20 des Gesetzes zum Anerben bestimmen, wenn dies nach den Umständen des Falles der Billigkeit entspricht. Die Vorschriften des § 48 Abs. 2, § 49 Abs. 2 des Gesetzes finden entsprechende Anwendung.

(5) In den Fällen der Absätze 3, 4 kann das Anerbengericht dem Anerben die Verpflichtung auferlegen, dem Anwärter (Anfallberechtigten, Nacherben), der nach den Absätzen 1, 2 berufen wäre, eine angemessene Versorgungsleistung zu gewähren.

(6) Zur Entscheidung von Streitigkeiten darüber, wer nach den fideikommißrechtlichen Bestimmungen Folger geworden ist, sind die Fideikommißgerichte zuständig.

(7) Die vorstehenden Vorschriften gelten entsprechend, soweit Lehen, Stammgüter oder sonstige gebundene Vermögen im Sinne des Artikels 59 des Einführungsgesetzes zum Bürgerlichen Gesetzbuch oder Hausgüter und Hausvermögen in Betracht kommen.

(8) Die Vorschriften der Absätze 1 bis 7 treten vom 1. Oktober 1933 ab in Kraft.

§ 45
Erbpachtgüter und Lehnbauerngüter.

(1) Entspricht ein Erbpachtgut, abgesehen davon, daß es nur im Nutzeigentum des Erbpächters steht, den Voraussetzungen für die Entstehung eines Erbhofs, so ist es als Erbhof anzusehen.

(2) Durch ein mit Zustimmung der Reichsminister der Justiz und für Ernährung und Landwirtschaft zu erlassendes Landesgesetz können Bestimmungen folgenden Inhalts getroffen werden:

1. Es kann bestimmt werden, daß das Nutzeigentum von Erbpächtern ohne Entschädigung des Obereigentümers in freies Eigentum des Erbpächters umgewandelt wird.

2. Es können Bestimmungen darüber getroffen werden, inwieweit Belastungen des Nutzeigentums als Belastungen des Eigentums bestehen bleiben und wie die auf dem bisherigen Erbpachtverhältnis beruhenden Rechte und Pflichten der Obereigentümer und Erbpächter zu regeln sind.
3. Es kann angeordnet werden, daß Hypotheken, die zur Ablösung der auf dem Erbpachtverhältnis beruhenden Rechte eingetragen sind, erlöschen, soweit die ihnen zugrunde liegenden Forderungen getilgt werden.
4. Den aus dem Erbpachtverhältnis herrührenden Lasten und Rechten kann der Vorrang vor anderen Rechten zugewiesen werden.

(3) Die Überleitung von Belastungen und Beschränkungen des Nutzeigentums in Belastungen des Eigentums bedarf nicht der im § 37 des Gesetzes vorgesehenen Genehmigung des Anerbengerichts.

(4) Die Vorschriften der Absätze 1 bis 3 finden auf Lehnbauerngüter entsprechende Anwendung.

§ 46
Landesrechtliches Anerbenrecht bei Renten- und Ansiedlungsgütern.

(1) Unberührt bleiben die landesgesetzlichen Vorschriften über das Anerbenrecht bei Rentengütern und preußischen Ansiedlungsgütern von nicht mehr als hundertfünfundzwanzig Hektar, soweit diese Güter nicht Erbhof werden.

(2) Ist das Anwesen in die Erbhöferolle eingetragen und der Anerbengutsvermerk im Grundbuch gelöscht worden, stellt sich aber nachträglich heraus, daß die Eintragung in die Erbhöferolle zu Unrecht erfolgt ist, so gilt die Aufhebung der Anerbengutseigenschaft als nicht eingetreten; die Vorschriften zugunsten derjenigen, die Rechte von einem Nichtberechtigten herleiten, bleiben unberührt. Bei Löschung des Guts in der Erbhöferolle ist das Grundbuch von Amts wegen durch Wiedereintragung des Vermerks gebührenfrei zu berichtigen.

9. Abschnitt.
Übergangsvorschriften.

§ 47
Rechtsstellung des angenommenen Kindes (§ 21 Abs. 6 des Gesetzes).

(1) Hat der Erblasser vor dem 1. Oktober 1933 eine Person an Kindes Statt angenommen, so steht dieses Kind hinsichtlich der Anerbenfolge einem ehelichen Kinde gleich.

(2) Hat der Bauer eine Person erst nach dem 30. September 1933 an Kindes Statt angenommen, so kann er sie mit Zustimmung des Anerbengerichts und nur für den ersten auf die Entstehung der Erbhofeigenschaft folgenden Erbfall zum Anerben bestimmen, wenn die Person schon vor der Entstehung der Erbhofeigenschaft längere Zeit wie ein Kind im Hause des Bauern gelebt hat.

(3) Ist bei einem Ehegattenerbhof zunächst der überlebende Ehegatte Anerbe geworden, so gilt bei Anwendung des vorstehenden Absatzes 2 der Tod des überlebenden Ehegatten noch als erster Erbfall.

(4) Hat eine an Kindes Statt angenommene Person einen Erbhof durch Erbgang oder Übergabevertrag von dem Annehmenden erworben, so findet beim Tode des Angenommenen die Erbfolge in den Erbhof so statt, als ob der Angenommene ein eheliches Kind des Annehmenden wäre. Hierbei macht es keinen Unterschied, ob der Hof vor oder nach Entstehung der Erbhofeigenschaft auf den Angenommenen übergegangen ist.

§ 48
Anerbenstellung der Tochter des Erblassers (§ 21 Abs. 7 des Gesetzes).

(1) Der im § 21 Abs. 7 des Gesetzes vorgesehene Vorrang der Tochter des Erblassers und der sonstigen Anerben der vierten Ordnung vor den Anerben der zweiten und dritten Ordnung gilt nur für den ersten Erbfall nach dem Zeitpunkt, in dem die Besitzung Erbhof geworden ist. Bei Anwendung der Vorschrift macht es keinen Unterschied, ob die Söhne oder Sohnessöhne schon zu dem vorbezeichneten Zeitpunkt nicht vorhanden oder nicht bauernfähig waren oder erst später weggefallen sind.

(2) Wenn bei einem Ehegattenerbhof zunächst der überlebende Ehegatte Anerbe geworden ist, wird bei Anwendung des vorstehenden Absatzes der Tod des überlebenden Ehegatten noch als erster Erbfall angesehen.

§ 49
Mehrere Erbhöfe (§§ 23, 58 des Gesetzes).

Wenn bei einem Ehegattenerbhof zunächst der überlebende Ehegatte Anerbe geworden ist, wird bei Anwendung des § 58 des Gesetzes der Tod des überlebenden Ehegatten noch als erster Erbfall angesehen.

§ 50.
Gemeinschaftliche Verfügungen von Todes wegen aus der Zeit vor dem Eintritt der Erbhofeigenschaft.

(1) Haben Ehegatten vor dem Zeitpunkt, in dem die Besitzung Erbhof geworden ist, sich gegenseitig zu Erben eingesetzt und ist der eine Ehegatte vor diesem Zeitpunkt gestorben und soll nach den Bestimmungen der Verfügung von Todes wegen nach dem Tode des Überlebenden der Nachlaß an Verwandte des Erstverstorbenen fallen, so fällt der Erbhof beim Tode des Überlebenden demjenigen der eingesetzten Verwandten als Anerben an, der nach dem Reichserbhofgesetz als Anerbe des Erstverstorbenen berufen wäre.

(2) Soll nach der gemeinschaftlichen Verfügung von Todes wegen ein Verwandter des Erstverstorbenen allein den Hof übernehmen, so fällt der Hof diesem Verwandten als Anerben an, falls er zu den Personen gehört, die nach dem Reichserbhofgesetz zum Anerben des Erstverstorbenen hätten bestimmt werden können.

(3) Haben die Ehegatten den Anerben nicht bestimmt, auch keine Bestimmung des im Abs. 2 vorgesehenen Inhalts getroffen, so kann der überlebende Ehegatte mit Zustimmung des Anerbengerichts unter den eingesetzten Verwandten den Anerben bestimmen.

§ 51
Vorerbschaft.

(1) Die Entstehung eines Erbhofs wird nicht dadurch ausgeschlossen, daß die Besitzung dem Eigentümer lediglich als Vorerben gehört.

(2) Beim Eintritt des Falles der Nacherbfolge fällt der Erbhof demjenigen als Anerben an, der Anerbe wäre, wenn der Erblasser im Zeitpunkt des Falles der Nacherbfolge verstorben wäre.

(3) Hat der Erblasser in einer Verfügung von Todes wegen bestimmt, daß einer der Nacherben allein den Hof übernehmen soll, so fällt der Hof diesem Nacherben als Anerben an, falls er zu den Personen gehört, die nach dem Reichserbhofgesetz als Anerbe des Erblassers hätten bestimmt werden können.

(4) Hat der Erblasser den Anerben nicht bestimmt, auch keine Bestimmung des im vorstehenden Absatz vorgesehenen Inhalts getroffen, so kann der Vorerbe mit Zustimmung des Anerbengerichts unter den Nacherben den Anerben bestimmen.

§ 52
Volleigentum und Vorerbschaftseigentum.

(1) Hat eine Besitzung am 1. Oktober 1933 dem Eigentümer teils als Volleigentümer, teils als Vorerben gehört, so steht dieser Umstand dem nicht entgegen, daß die Besitzung in diesem Zeitpunkt Erbhofeigenschaft erlangt.

(2) Erreicht der Wert des Teils der Besitzung, der dem Eigentümer bereits beim Anfall der Vorerbschaft zu Volleigentum gehört, mindestens die Hälfte des Wertes der ganzen Besitzung, so richtet sich die Anerbenfolge nach der Person des Eigentümers. Mit Zustimmung des Anerbengerichts kann der Eigentümer auch eine Person zum Anerben bestimmen, die nach dem Reichserbhofgesetz zum Anerben des ursprünglichen Erblassers hätte bestimmt werden können.

(3) Ist der Wert des Teils der Besitzung, der dem Eigentümer beim Anfall der Vorerbschaft zu Volleigentum gehört, geringer als der Wert des zur Vorerbschaft gehörenden Teils der Besitzung, so richtet sich die Anerbenfolge nach § 51 Absätze 2 bis 4 dieser Verordnung. Mit Zustimmung des Anerbengerichts kann der Eigentümer auch eine Person zum Anerben bestimmen, die nach dem Reichserbhofgesetz zum Anerben des Eigentümers bestimmt werden könnte, wenn die Anerbenfolge sich nach seiner Person richtete.

(4) Tritt der Fall der Nacherbfolge vor dem Tode des Eigentümers ein, so kann das Anerbengericht auf Antrag des Eigentümers bestimmen, daß dem Eigentümer die Verwaltung und Nutznießung des Erbhofs zustehen soll, und zwar auch über das fünfundzwanzigste Lebensjahr des Anerben hinaus. Die Vorschriften des § 48 Abs. 2, § 49 Abs. 2 des Gesetzes finden entsprechende Anwendung.

§ 53
Bestimmung eines Anerben aus der Sippe des Ehegatten.

(1) Ist jemand Eigentümer eines Erbhofs, den er vor dem Zeitpunkt, in dem die Besitzung Erbhof geworden ist, durch Erbgang oder Rechtsgeschäft von seinem Ehegatten oder von einer Gemeinschaft (z. B. einer

Erbengemeinschaft), an der sein Ehegatte beteiligt war, erworben hat, so kann er zum Anerben auch eine Person bestimmen, die zum Anerben des andern Ehegatten hätte bestimmt werden können.

(2) Macht der Berechtigte von der Befugnis des Absatzes 1 Gebrauch, so finden die Vorschriften, nach denen zur Bestimmung des Anerben in gewissen Fällen die Zustimmung des Anerbengerichts erforderlich ist, Anwendung; hierbei ist der Fall so anzusehen, als wenn es sich um die Bestimmung des Anerben nach dem andern Ehegatten handelte. Der vorstehende Satz gilt nicht bei Verfügungen von Todes wegen, die vor dem Inkrafttreten des Gesetzes errichtet worden sind.

10. Abschnitt.
Schlußvorschriften.

§ 54
Zulassung einer Abweichung von der gesetzlichen Anerbenfolge.

(1) Falls die kraft Gesetzes eingetretene Erbfolge in den Erbhof nach den besonderen Umständen des Falles zu einer als ungerecht und unbillig anzusehenden schweren Härte führen sollte, so kann der Reichsminister der Justiz im Einvernehmen mit dem Reichsminister für Ernährung und Landwirtschaft auf den binnen drei Monaten nach dem Erbfall zu stellenden Antrag des Landesbauernführers nach Anhörung des Erbhofgerichts mit Wirkung vom Erbfall ab einen anderen Anerbenberechtigten zum Anerben bestimmen.

(2) Die Vorschrift des Absatzes 1 gilt entsprechend beim Übergang eines Erbhofs in den Fällen des § 22 Abs. 3 des Gesetzes. Die für den Antrag des Landesbauernführers vorgesehene Frist beginnt in diesen Fällen mit dem Zeitpunkt, an dem die Übernahmeerklärung des Anerben beim Anerbengericht eingeht.

(3) Die Vorschriften der Absätze 1, 2 finden bei Erbfällen, die vor dem Inkrafttreten dieser Verordnung eingetreten sind, keine Anwendung. Auf Antrag des Reichsbauernführers kann von den Vorschriften der Absätze 1, 2 ausnahmsweise auch bei Erbfällen Gebrauch gemacht werden, die in dem Zeitraum zwischen dem 1. Oktober 1934 und dem Inkrafttreten dieser Verordnung eingetreten sind; der Antrag ist spätestens binnen drei Monaten nach dem Inkrafttreten dieser Verordnung zu stellen.

(4) Die Vorschriften der Absätze 1 bis 3 treten mit Ende des 31. Dezember 1938 außer Kraft.

§ 55
Inkrafttreten.

(1) Diese Verordnung tritt mit dem Tage der Verkündung in Kraft.

(2) Mit dem gleichen Tage treten die Erste Durchführungsverordnung vom 19. Oktober 1933 (Reichsgesetzbl. I S. 749), die Zweite Durchführungsverordnung vom 19. Dezember 1933 (Reichsgesetzbl. I S. 1096) und die Dritte Durchführungsverordnung vom 27. April 1934 (Reichsgesetzbl. I S. 343) außer Kraft.

B. Amtliche Erlasse

(Handbuch S. 553 ff.)

III. Runderlaß des RFinMin. vom 17. März 1937 — S 4504 — 154 III/S 3804 A — 37 III — (Steuervergünstigungen beim Übergang und bei der Neubildung von Erbhöfen)

— RStBl. 1937 S. 746 —

I. Allgemeines.[1])

(1) Die Vorschriften zur Durchführung und Ergänzung des Reichserbhofgesetzes, die bisher in den Durchführungsverordnungen vom 19. 10. 33, vom 19. 12. 33 und vom 27. 4. 34 enthalten waren, sind in der Erbhofrechtsverordnung (EHRV.) vom 21. 12. 36 (RGBl. I S. 1069) und in der Erbhofverfahrensordnung (EHVfO.) vom 21. 12. 36 (RGBl. I S. 1082) zusammengefaßt worden. Die Neuregelung ist am 23. 12. 36 in Kraft getreten. Die bisherigen Durchführungsverordnungen sind mit demselben Tag außer Kraft gesetzt worden.

(2) Die Steuervergünstigungen für den Übergang und für die Neubildung von Erbhöfen, die bisher im Reichserbhofgesetz (REG.), in den Durchführungsverordnungen zu diesem Gesetz und in meinen Runderlassen vom 22. 12. 34 S 4430 — 109 III / S 3804 A — 14 III und vom 8. 11. 35 S 4430 — 139 III / S 3804 A — 29 III geregelt waren, sind zusammengefaßt und erweitert worden. Die neuen Bestimmungen über die Steuervergünstigungen ergeben sich aus § 42 EHRV. und den Abschnitten II ff. dieses Runderlasses. Ein Abdruck des § 42 EHRV. ist beigefügt[1]).

(3) Die Steuervergünstigungen stellen sachliche Befreiungen dar, die sowohl dem Veräußerer als auch dem Erwerber zugute kommen. Sie beziehen sich selbstverständlich nur auf Erbhöfe im Sinn der reichsrechtlichen Erbhofgesetzgebung, nicht auf Besitzungen, die sich auf Grund landesrechtlicher Vorschriften nach Anerbenrecht vererben (vgl. § 60 Abs. 2 REG., § 46 EHRV.), ohne Erbhöfe zu sein.

(4) Darüber, ob eine Besitzung zur Zeit des Übergangs Erbhof ist oder in der Hand des Erwerbers Erbhof wird, entscheidet das Anerbengericht (§ 10 REG.). Es empfiehlt sich deshalb, beim Anerbengericht anzufragen, wenn Zweifel bestehen. In Zukunft wird ein Auszug aus der Erbhöferolle verlangt werden können. Zur Zeit wird die Erbhöferolle noch nicht überall fertig vorliegen.

(5) Zu beachten ist, daß auch Familienfideikommisse und früher fideikommissarisch gebundene Besitzungen, deren Eigentümer noch nach Art eines Vorerben beschränkt sind, Erbhöfe sein können (vgl. § 44 EHRV.). Auch auf den Übergang einer solchen Besitzung können daher die Voraussetzungen für eine Steuerbefreiung nach § 42 EHRV. zu-

[1] Text des § 42 s. S. 80 dieses Ergänzungsbands.

treffen. Das gleiche gilt für Erbpachtgüter und Lehnbauerngüter, die nach § 45 EHRV. Erbhöfe sein können.

(6) Beim Übergang eines Erbhofs, insbesondere beim Übergang von Todes wegen, geht oft auch nicht zum Erbhof gehörendes Vermögen mit über. Selbstverständlich fällt der Übergang dieses Vermögens nicht mit unter die Vergünstigungen des § 42 EHRV. Auf den Mitübergang solchen Vermögens wird daher bei Erbhofübergängen zu achten sein.

II. Steuerbegünstigte Fälle.

Die Steuervergünstigungen gelten für die Erbschaftsteuer, die Grunderwerbsteuer einschließlich der Zuschläge, die Urkundensteuer und die Steuer der Gemeinden (Gemeindeverbände) vom Zubehör (Gewerbeanschaffungsteuer).

1. Übergang eines Erbhofs auf den Anerben.

(1) Durch § 55 REG. und § 42 Abs. 1 Ziff. 1 EHRV. wird der Übergang des Erbhofs auf den Anerben befreit. Dabei macht es keinen Unterschied, ob der Hof im Weg der Erbfolge oder auf Grund eines Übergabevertrags auf den Anerben übergeht. Es ist auch ohne Bedeutung, ob der Anerbe kraft Gesetzes berufen oder vom Bauern auf Grund der Ermächtigung in § 25 REG., §§ 9—10 EHRV. zulässigerweise zum Anerben bestimmt ist.

(2) Die Befreiung gilt auch für den Austausch eines Erbhofs auf Grund des § 22 Abs. 2, 3 REG. und für die Entziehung des Eigentums an einem Erbhof und die Übertragung auf die vom Reichsbauernführer vorgeschlagene bauernfähige Person auf Grund des § 15 Abs. 3, 4 REG. und der §§ 95—98 EHVfO.

2. Übergang eines Erbhofs auf eine nicht anerbenberechtigte Person.

(1) Durch § 42 Abs. 1 Ziff. 2 EHRV. wird der Übergang des Erbhofs auf eine nicht anerbenberechtigte Person befreit, wenn die Übertragung vom Anerbengericht gemäß § 37 REG. genehmigt ist und der Vertrag seinem sachlichen Inhalt nach einem Übergabevertrag entspricht. Diese Vorschrift stellt eine Erweiterung gegenüber dem bisherigen Recht dar.

(2) § 37 REG. sieht vor, daß der Bauer den Erbhof in Ausnahmefällen mit Genehmigung des Anerbengerichts an eine nicht anerbenberechtigte Person veräußern darf, obwohl gesetzliche Anerbenberechtigte vorhanden sind. Eine Steuervergünstigung kommt bei einer solchen Veräußerung des Erbhofs an eine nicht anerbenberechtigte Person nur dann in Betracht, wenn der Veräußerungsvertrag seinem sachlichen Inhalt nach einem Übergabevertrag entspricht. Der Hofübernehmer kann mit dem Bauern verwandt oder verschwägert oder auch ein Familienfremder sein, der vom Bauern aus einem besonderen Grund wie ein anerbenberechtigtes Familienmitglied behandelt wird. Die Vergünstigung hängt nicht von der Person des Erwerbers, sondern nur davon ab, daß die Übernahmebestimmungen, unter denen der Hofübernehmer den

Hof erhält, sich sachlich im Rahmen der Bestimmungen halten, die der Bauer in einem Übergabevertrag mit seinem gesetzlichen Anerben vereinbaren darf. Die Übernahmebestimmungen dürfen also für den Erwerber nicht wesentlich ungünstiger sein als die, die für den Fall der gesetzlichen Erbfolge vom Gesetzgeber vorgesehen sind.

(3) Der Bauer kann im Übergabevertrag ausreichenden Unterhalt (Altenteil) für sich und seinen Ehegatten ausbedingen. Er kann auch die Versorgung der übergangenen anerbenberechtigten Personen regeln. Der Altenteil und die Versorgungsregelung müssen sich aber grundsätzlich im Rahmen der Vorschriften der §§ 30, 31 REG. halten.

(4) Dem Grundgedanken des Übergabevertrags widerspricht es in der Regel, wenn ein Gutsabstandsgeld vereinbart wird. Das Gutsabstandsgeld kann ein verdeckter Kaufpreis sein. Die Vereinbarung eines Kaufpreises, sei es in offener oder verdeckter Form, ist mit dem Wesen des Übergabevertrags nicht in Einklang zu bringen. Für die Veräußerung eines Erbhofs unter Vereinbarung eines offenen oder verdeckten Kaufpreises ist die Steuer nach den allgemeinen Vorschriften zu entrichten, auch wenn die Veräußerung vom Anerbengericht genehmigt worden ist.

3. Übergang eines Ehegattenerbhofs.

(1) § 42 Abs. 1 Ziff. 3 EHRV. enthält Steuervergünstigungen für den Übergang eines Erbhofs, der im Eigentum mehrerer Personen steht, in das Alleineigentum einer bauernfähigen Person. Als Erbhöfe, die im Eigentum mehrerer Personen stehen, kommen nur in Betracht Besitzungen

a) im Gesamtgut einer ehelichen Gütergemeinschaft oder sonst im Miteigentum von Ehegatten (§§ 17, 23, 25 EHRV.) oder

b) zum Teil im Alleineigentum des einen Ehegatten und zum Teil im Alleineigentum des andern Ehegatten (§ 18 Abs. 1 Ziff. 1 EHRV.) oder

c) zum Teil im gemeinschaftlichen Eigentum beider Ehegatten und zum Teil im Alleineigentum eines oder jedes der Ehegatten (§ 18 Abs. 1 Ziff. 2 EHRV.) oder

d) im Gesamtgut einer fortgesetzten ehelichen Gütergemeinschaft (§ 24 EHRV.).

(2) Der Übergang eines solchen Erbhofs auf eine bauernfähige Person bleibt steuerfrei. Daß der Erwerber bereits Miteigentümer ist oder zu den anerbenberechtigten Personen des einen oder des andern Miteigentümers gehört, ist nicht erforderlich.

(3) Diese Regelung entspricht dem bisherigen Rechtszustand. Ihr Anwendungsgebiet ist aber durch § 17 Abs. 2 und 3 und § 18 Abs. 2 und 3 EHRV. erweitert worden. Besitzungen von Ehegatten waren bisher nur dann Erbhof, wenn sie am 1. 10. 33 (dem Tag des Inkrafttretens des Reichserbhofgesetzes) im Miteigentum von Ehegatten standen oder wenn sie am 21. 12. 33 (dem Tag des Inkrafttretens der Zweiten Durchführungsverordnung) zum Teil im Alleineigentum des Ehemanns und zum Teil im Alleineigentum der Ehefrau oder zum Teil im gemeinschaftlichen Eigentum und zum Teil im Alleineigentum der Ehegatten standen. Nach § 17 Abs. 2 und § 18 Abs. 2 EHRV. werden dagegen auch solche Besitzungen von Ehegatten, bei denen die Voraussetzungen für die Bildung eines Erbhofs erst nach dem bezeichneten Zeitpunkt erfüllt sind,

mit dem Inkrafttreten der Erbhofrechtsverordnung Ehegattenerbhöfe. Nach § 17 Abs. 3 und § 18 Abs. 3 EHRV. werden Besitzungen von Ehegatten, bei denen künftig die Voraussetzungen für die Bildung eines Erbhofs erfüllt werden, mit dem Eintritt dieser Voraussetzungen Ehegattenerbhöfe.

(4) Wie bisher soll der Übergang des Anteils eines anteilberechtigten Abkömmlings an einem zu einer fortgesetzten Gütergemeinschaft gehörenden Erbhof (oben zu d) beim Tod des Abkömmlings von der Erbschaftsteuer (§ 5 Abs. 2 ErbStG.) im Billigkeitsweg freibleiben.

4. Neubildung eines Erbhofs durch Übergang einer erbhoffähigen Besitzung oder durch Übergang von einzelnen Grundstücken.

(1) Durch § 42 Abs. 1 Ziff. 4 EHRV. wird der Erwerb von Grundbesitz von der Steuer befreit, wenn durch den Erwerb ein neuer Erbhof gebildet wird. Die Vergünstigung gilt für den Erwerb eines land- und forstwirtschaftlichen Betriebs, wenn der Betrieb in der Hand des Erwerbers Erbhof wird. Die Regelung entspricht sachlich der bisher aus Billigkeitsgründen gewährten Vergünstigung. Es kommen hier z. B. die Fälle in Betracht, bei denen eine bauernfähige Person erbhoffähigen Grundbesitz von einer Personenmehrheit (Erbengemeinschaft, offenen Handelsgesellschaft usw.), einer juristischen Person, einem Nichtarier, einem Ausländer oder von einer entmündigten oder nicht ehrbaren Person (§§ 12—15 REG.) erwirbt. Die Befreiung gilt aber auch für den Hinzuerwerb von einzelnen Grundstücken zu einem kleinen Betrieb, wenn die Besitzung durch diesen Hinzuerwerb unmittelbar Erbhofeigenschaft erlangt. Die Befreiung ist jetzt auch anwendbar, wenn Ehegatten Grundbesitz erwerben, vorausgesetzt, daß die Besitzung durch den Erwerb unmittelbar Erbhofeigenschaft erlangt (vgl. § 17 Abs. 3, § 18 Abs. 3 EHRV.).

(2) Die Steuerbefreiung kommt nicht in Betracht für den Hinzuerwerb von Grundbesitz zu einem bereits bestehenden Erbhof oder für den Austausch von Teilen eines Erbhofs mit Grundstücken eines andern Besitzers (abgesehen von dem besonderen Fall des Austausches von Erbhöfen auf Grund des § 22 Abs. 2, 3 REG., s. oben bei II Ziff. 1 Abs. 2).

5. Neubildung eines Erbhofs durch Übergang einer über 125 ha großen Besitzung.

(1) § 42 Abs. 1 Ziff. 5 EHRV. enthält eine Steuervergünstigung für den Übergang einer über 125 ha großen Besitzung in das Alleineigentum einer bauernfähigen Person oder in das Eigentum eines bauernfähigen Ehepaares, wenn innerhalb von drei Monaten seit dem Übergang der im § 5 REG. vorgesehene Antrag beim Anerbengericht eingereicht wird und die Besitzung nach Genehmigung des Antrags Erbhofeigenschaft erlangt.

(2) Die Befreiung ist nicht mehr davon abhängig, daß eine nicht bauernfähige Person, eine juristische Person oder mehrere Personen Eigentümer der Besitzung waren. Der Übergang ist auch dann befreit, wenn die

Besitzung von einer bauernfähigen Person an eine andere bauernfähige Person oder an bauernfähige Eheleute veräußert wird.

(3) Auf die in § 42 Abs. 2 EHRV. unter gewissen Voraussetzungen vorgesehene Möglichkeit eines Steuererlasses oder einer Steuererstattung in Fällen des § 42 Abs. 1 Ziff. 5 wird hingewiesen.

III. Besonderheiten für die Erbschaftsteuer
(nicht abgedruckt)

IV. Übergangsregelung.

(1) Die erweiterten Steuerbefreiungen gelten vom 23. 12. 36 ab. Ich bin damit einverstanden, daß aus Billigkeitsgründen diese Befreiungen auch bei Steuerfällen aus der Zeit vor dem 23. 12. 36 gewährt werden, soweit die Steuer noch nicht rechtskräftig festgesetzt ist.

(2) Die Runderlasse vom 22. 12. 34 und vom 8. 11. 35 werden damit gegenstandslos.

C. Erläuterungen

(S. 560 f., insb. S. 581 f. des Handbuchs).

Vorbemerkung. Die Vorschriften der zur Durchführung und Ergänzung des Reichserbhofgesetzes erlassenen drei Durchführungsverordnungen vom 19. 10. 33, 19. 12. 33 und vom 27. 4. 34 (Texte s. S. 534) sind zwecks übersichtlicherer Gestaltung — und teilweise erweitert — in der Erbhofrechtsverordnung (EHRV.) vom 21. 12. 36 (RGBl. I S. 1069, Text s. unter A), die Verfahrensvorschriften in der Erbhofverfahrensordnung (EHVfO.) vom 21. 12. 36 (RGBl. I S. 1082) zusammengefaßt worden. Die neuen Vorschriften sind unter Außerkraftsetzen der bisherigen drei DVO. am 23. 12. 1936 in Kraft getreten.

Die steuerlichen Vorschriften sind in § 42 EHRV. zusammengefaßt und ergänzt; s. des näheren E. II 1.

I. Grundzüge des Reichserbhofrechts.

Zu 3 S. 563. Sachliche Voraussetzungen der Erbhofeigenschaft. Für Besitzungen, die vor dem 23. 12. 36 noch nicht Erbhof geworden sind, ist weitere Voraussetzung nach § 1 Abs. 1 Nr. 2 EHRV., daß der Gesamtbetrag der Schulden des Eigentümers den Betrag von 70% des zuletzt festgestellten steuerlichen Einheitswerts der Besitzung nicht übersteigt; wegen der Ausnahmen s. § 1 Abs. 5 EHRV., s. auch E. 12. Wegen Übergangsfälle s. EHG. Zweibrücken 30. 4. 37 We 6/37 JW. 37, 1259.

Zur Entstehung eines Erbhofs s. Saure, REG. 5. Aufl. S. 13 f. Aus der neueren Rechtsprechung sei folgendes mitgeteilt:

Der Erbhof ist keine schlechthin verkehrsunfähige Sache. Er ist eigentumsfähig und der Inhaber des Erbhofs hat wirkliches Eigentum, nicht etwa nur eine Nießbraucherstellung. Bei der grundsätzlichen Unveräußerlichkeit und Unbelastbarkeit (§ 37 Abs. 1 REG.) setzt sich der Gedanke durch, daß der jeweilige Eigentümer als Treuhänder des Volks und der Sippe zu gelten hat (REHG. 26. 1. 37, RB. 36/35 REHGE.

4, 46, 52 = JW. 37, 2151 = RdRN. 37 Nr. 139 = Recht Dt. J. 37, 666 Nr. 6721; s. auch REHG. 2. 7. 37, 1 RB. 1352/36 RdRN. 37 Nr. 374 = Recht Dt. J. 37, 819 Nr. 8324.

Ein Saatzuchtbetrieb ist nicht Erbhof, wenn der mit ihm verbundene kaufmännische Betriebsteil, besonders die Organisation zur Vermehrung des Saatguts, dem Gesamtbesitz ein überwiegend kaufmännisches Gepräge gibt (REHG. 13. 7. 37 2 RB. 1243/35, REG. 4, 252 = JW. 1937, 2575 = DNotZ. 37, 840).

Zum Erbhof gehören alle von der Hofstelle aus bewirtschafteten Grundstücke, gleichgiltig, wem der Ertrag zufließt (REHG. 12. 2. 37, 2 RB. 1406/35 REHGE. 4, 11 = Recht Dt. J. 37, 485 Nr. 5049 = DBR. 37, 103), auch eine nur vorübergehende Nichtbewirtschaftung vom Hof aus schließt die Erbhofzugehörigkeit der betr. Grundstücke nicht aus (REHG. 18. 6. 37, 2 RB. 2295/35 RdRN. 37 Nr. 283 = Recht Dt. J. 37, 751 Nr. 7589). Auch ein Miteigentumsanteil an einem Acker kann zum Erbhof gehören und bei der Frage der Ackernahrung berücksichtigt werden (REHG. 22. 3. 37, 2 RB. 2433/35 REHGE. 4, 81 = JW. 37, 2139 = DNotZ. 37, 775).

Zur Hofstelle und damit zum Erbhof gehört nicht ein in einiger Entfernung vom Hof gelegenes, hinzuerworbenes zweites Wohnhaus, das als Ausstattung für eins der Kinder gedacht ist (REHG. 16. 10. 36, 2 RB. 494/35 RdRN. 37 Nr. 6 = Recht DJ. 37, 152 Nr. 1698 = DBR. 37, 87). Wird eine abgebrannte Hofstelle oder ein abgerissenes baufälliges Wohnhaus nicht wieder aufgebaut, so geht die Erbhofeigenschaft verloren (AnerbG. Flensburg 26. 11. 35, Recht DJ. 36, 451 Nr. 4944 = DBR. 36, 104 und EHG. Stuttgart 30. 1. 36 We 504/35 JW. 36, 2743 = Recht DJ. 36, 776 Nr. 7901 = DBR. 37, 9) oder es ist ggf. überhaupt kein Erbhof entstanden (REHG. 5. 11. 35, 2 RB. 520/34 REHGE. 2, 117 = JW. 36, 1054 = DBR. 36, 104). Anders, wenn Wiederaufbauwille besteht (LEHG. Celle 5. 7. 36 — 1477 — DJ. 36, 1303 = DBR. 37, 9).

Ein Vorstadtbesitz kann nur dann Erbhof werden, wenn dauernde landw. Benutzung wenigstens wahrscheinlich ist (EG. Zweibrücken 15. 1. 37 EH. Rechtspr. § 1 Nr. 79 = Recht Dt. J. 37, 485 Nr. 5046), Erbhof kann aber nicht werden ein herrschaftlich gebautes Haus mit Park und Garten, in dem ein Pensionat betrieben wird (EG. Oldenburg 29. 12. 36 EH. Rechtspr. § 2 Nr. 46 = Recht Dt. J. 37, 485 Nr. 5047 = DBR. 37, 103).

Bei der Prüfung der Frage nach dem Vorhandensein einer Ackernahrung sind die Erträge des neben der Landwirtschaft seit jeher betriebenen Obst- und Gemüsebaus mitzuberücksichtigen (REHG. 5. 3. 37, DBR. 37, 87). Im übrigen ist für Prüfung der Frage nach dem Vorhandensein einer Ackernahrung die Größe nicht unbedingt ausschlaggebend. REG. geht im allgemeinen von der ordnungsmäßigen Bewirtschaftung durch einen Bauern von durchschnittlicher Tüchtigkeit aus. Bestehende Verschuldung steht in der Regel nicht entgegen, wenn sie nicht etwa auf unzureichende Ackernahrung oder auf mangelnde Bauernfähigkeit zurückzuführen ist (REHG. 6. 2. 36, RB. 1215/35 REHGE. 2, 269 = JW. 36, 2322 = RdRN. 36 Nr. 348 = DBR. 37, 9).

Bei Höfen über 125 ha, bei denen die Entstehung des Erbhofs nur durch besondere Zulassung möglich ist (§ 5 REG.), wird die Bewilligung des RErnährMin. hinfällig, wenn der Eigentümer nicht bauernfähig ist, und zwar auch trotz Übertragung des Hofes auf den bauernfähigen Sohn (LEHG. Celle 7. 1. 37 Nr. 1191 JW 37, 1014 = Recht DJ. 37, 402 Nr. 4202 = DVR. 37, 87).

Zu 4 S. 564. Persönliche Voraussetzungen der Erbhofeigenschaft. Unter Alleineigentum im Sinne des § 1 Abs. 1 Ziff. 2 ist das sachenrechtliche Eigentum zu verstehen (REHG. 6. 2. 36, 2 RB. 690/34 REHGE. 2, 51). Schuldenrechtliche Bindungen und Verpflichtungen aus einem Gesellschaftsverhältnis stehen dem Alleineigentum nicht entgegen; ein sogen. wirtschaftliches Eigentum ist nicht zu berücksichtigen (REHG. 22. 4. 37, 2 RB. 2271/35 REHGE. 4, 117 = Recht Dt. J. 37, 666 Nr. 6724 = JW. 37, 2140 und 12. 2. 37, 2 RB. 2136/35 REHGE. 4, 61 = JW. 37, 2143). Es genügt also bloßes Treuhandeigentum des eingetragenen Eigentümers (REHG. 29. 5. 36, 3 RB. 762/34 REHGE. 3, 97 = Recht Dt. J. 36, 776 Nr. 7896 = DVR. 37, 9). Alleineigentum ist aber nicht vorhanden, wenn der Bauer mit seinen Söhnen eine OHG. zum Betrieb des Erbhofs bildet und in diese den Erbhof einbringt (RFH. U. 23. 6. 37 VI A 400/37 RFH. 41, 320 DStZ. 37, 839 = RStBl. 37, 865 = Recht Dt. J. 37, 885 Nr. 9042).

Das Erfordernis des Alleineigentümers ist auch vorhanden, wenn der Hof im Zwangsversteigerungsverfahren beschlagnahmt ist. Das Alleineigentum wird dadurch auch nicht für die Frage ausgeschlossen, ob der Hof nach dem 1. 10. 33 Erbhofeigenschaft erlangt hat; wenn der Erbhof entsteht, muß die Vollstreckung aufgehoben werden; es erlischt die Beschlagnahme (REHG. 6. 2. 36, 2 RB. 690/34 REHGE. 2, 51). Die Entstehung eines Erbhofs hindert auch nicht, daß der Hof teils freies Alleineigentum, teils Vorerbschaftseigentum des Hofbesitzers ist (REHG. 21. 12. 35, 3 RB. 402/34 REHGE. 2, 31). Doch ist Alleineigentum nicht gegeben, wenn der Hof zwar einem Miterben zugewendet ist, sich aber noch im Eigentum der Erbengemeinschaft befindet (REHG. 5. 5. 36, 2 RB. 814/34 REHGE. 3, 121 = Recht DJ. 36, 775 Nr. 7895 = DVR. 37, 9).

Bei der Prüfung der Frage der Bauernfähigkeit ist bei der erstmaligen Feststellung der Bauernfähigkeit zum 1. 10. 33 kein allzustrenger Maßstab anzulegen (REHG. 2. 7. 37, 1 RB. 1352/36 RdRN. 37 Nr. 374 = Recht Dt. J. 37, 819 Nr. 8325); anderer und wesentlich strengerer Maßstab aber bei Prüfung der Person des Anerben eines schon bestehenden Erbhofs; hier kann sehr hohes Alter zur Verneinung führen (REHG. 25. 5. 37, 1 RB. 1845/35 REHGE. 4, 281 = JW. 37, 3259 = RdRN. 37 Nr. 285 und 29. 10. 37, 1 RB. 1337/36 Recht Dt. J. 38, 58 Nr. 620). Dem § 15 REG. ist eine weite Auslegung überall da zu geben, wo dies ohne Gefährdung des Grundgedankens des § 15 REG. geschehen kann (REHG. 20. 8. 36, 1 RB. 1419/35 = Recht Dt. J. 36, 931 Nr. 9595 = RdRN. 36 Nr. 541 = DVR. 37, 36: Frau eines städtischen Bankdirektors hat früher auf dem Hof mitgearbeitet und ihn zeitweise ziemlich selbständig geführt). Anders, wenn es sich nicht wie hier um Übernahme des elterlichen Erbhofs handelt (REHG. 28. 7. 36,

1 RB. 1248/35 JW. 36, 3555 = Recht Dt. J. 37, 71 Nr. 824 = DVR. 37, 87 bei Übernahme eines familienfremden Erbhofs: Langjähriger Besuch einer städtischen Schule und Heirat mit in der Stadt lebendem Beamten hindert).

An die technische und finanzielle Wirtschaftsfähigkeit des Bauern für den 1. 10. 33 sollen mit Recht keine großen Anforderungen gestellt werden (EHG. Stuttgart 20. 11. 36 Recht Dt. J. 37, 308 Nr. 3414). Hat die technische Wirtschaftsfähigkeit, für den 1. 10. 33 schon zweifelhaft, später z. B. infolge hohen Alters gelitten, so kommt nicht Verneinung der Erbhofeigenschaft, sondern Abmeierung in Frage (REHG 19. 2. 37, 1 RB. 1489/35 RdRN. 37 Nr. 90 = Recht Dt. J. 37, 308 Nr. 3416/7 = DVR. 37, 104). Jedenfalls sind alterskranke Personen u. ä. nicht ohne weiteres bauernunfähig (REHG. 11. 6. 37, 1 RB. 2250/35 REHGE. 4, 180 = Recht Dt. J. 37, 667 Nr. 6732 und 24. 3. 37, 3 RB. 1207/35 REHGE. 4, 128 = JW. 37 Nr. 2150 = RdRN. 37 Nr. 249 = DNotZ. 37, 692 = Recht Dt. J. 37, 667 Nr. 6733). Bloße Zweifel hinsichtlich der Geschäftsfähigkeit genügen ebenfalls nicht (REHG. 11. 6. 37, 1 RB. 2250/35 REHGE. 4, 189 = Recht Dt. J. 37, 667 Nr. 6735). Auch die Aberkennung der Ehrbarkeit bedarf sorgsamster Prüfung (REHG. 5. 3. 37, 2 RB. 1608/35 REHGE. 4, 32 = JW. 37, 2149. An der Ehrbarkeit fehlt es, wenn der Eigentümer 1923 ohne sichtlichen Grund Scholle und Familie verlassen hat und nichts mehr von sich hören läßt (REHG. 16. 12. 36, 1 RB. 1723/35 RdRN 37 Nr. 60 = Recht Dt. J. 37, 307 Nr. 3405 = DVR. 37, 104). Auch nicht ehrbares Verhalten nach dem 1. 10. 33 ist zu berücksichtigen (REHG. 28. 7. 36, 1 RB. 305/35 Recht Dt. J. 36, 931 Nr. 9596 = JW. 36, 3240 = DVR. 37, 36). Doch soll das Verhalten nach dem 1. 10. 33 auch dann berücksichtigt werden, wenn es auch eine günstigere Beurteilung zuläßt (REHG. 20. 11. 36, 1 RB. 526/35 RdRN. 37 Nr. 7 = Recht DJ. 37, 152 Nr. 1699 = DVR. 37, 87).

Solange dem Hof der Makel des unehrlich erworbenen Guts anhaftet, z. B. Versicherungsbetrug mittels Brandstiftung, entsteht kein Erbhof, auch nicht in der Hand des Sohnes (REHG. 10. 11. 36, 2 RB. 1302/35 REHGE. 3, 459 = DNotZ. 37, 448), doch wird vorhandene Erbhofeigenschaft durch derartigen Makel nicht beeinflußt (EHG. Stuttgart 11. 12. 36 Recht Dt. J. 37, 308 Nr. 3418). Notwendig wird dann Abmeierung.

Stellt sich nach Genehmigung eines Übergabevertrags Bauernunfähigkeit des Übernehmers heraus, so soll dies nach Sinn und Zweck des REG. doch nicht zum Verlust der Erbhofeigenschaft des Hofes führen (LEHG. Celle 7. 1. 37 Nr. 1419 RdRN. 37 Nr. 62 = Recht Dt. J. 37, 308 Nr. 410). Notwendig wird also auch hier Abmeierung.

Wer nicht bauernfähig ist, kann auch nicht auf dem Umweg über die familienrechtlichen Bestimmungen des BGB. (elterliche Gewalt) die Nutznießung am Erbhof erlangen (LG. Tübingen 23. 1. 37 RdRN. 37 Nr. 163 = Recht Dt. J. 37, 486 Nr. 5054). Die Erbhofeigenschaft wird auch nicht dadurch gerettet, daß der Hof auf einen fünfjährigen Sohn übertragen wird, sonst aber alles beim alten bleibt (LEG. Celle 14. 4. 37

Nr. 136 RdRN. 37 Nr. 166 = Recht Dt. J. 37, 488 Nr. 5079 unter Berufung auf § 39 EHRV.).

Zu 5 S. 564. Pachthöfe. Ständige Verpachtung liegt z. B. vor, wenn das Grundstück seit 40 Jahren an Kleingärtner verpachtet und mit einer Änderung nur insofern zu rechnen ist, als das Grundstück demnächst Bauland wird (REHG. 13. 3. 36, 2 RB. 226/35 = EH. Rechtspr. § 7 Nr. 41). Bei einem Hof mit Fideikommißeigenschaft, der uralter Familiensitz ist, begründet auch jahrzehntelange Verpachtung in der Regel nicht die Annahme einer ständigen Verpachtung i. S. des § 1 Abs. 2 REHGE. 4, 217 bei E. 6.

Zu 6 S. 565. Fideikommißgüter. Die Fideikommißeigenschaft steht der Erbhofeigenschaft nicht entgegen. Die langjährige Zugehörigkeit zu einem Familienfideikommiß schließt die selbständige wirtschaftliche Einheit der einzelnen Höfe nicht aus (REHG. 13. 5. 37, 2 RB. 2200/35, REHE. 4, 217 = JW. 37, 2575 = NDotZ. 37, 840).

Zu 8 S. 566. Erbhofzugehörigkeit. Über ihr Wesen s. Ott, StW. 37 I, 1404. Zum Hofzubehör und damit gemäß § 7 REG. zum Erbhof gehört auch zum Verkauf bestimmtes Vieh (KG. 16. 3. 37 Recht DJ. 37, 402 Nr. 4205 = RdRN. 37 Nr. 109.) Über Anteile an einer Zuckerfabrik-GmbH. als Zubehör eines Erbhofs s. U. 12. 11. 37 II 127/37, RFH. 42, 209 = StW. 37 Nr. 646 und I, 1403 bei E. II, 3. Kein Bestandteil des Erbhofs sind Ansprüche aus den die Erbhofgrundstücke betreffenden Erdölbohr- und Ausbeutungsverträgen, wie Mutungsgelder, Wartegelder; sie gehören nicht zu den Rechten, die mit dem Grundstückseigentum verbunden sind (U. 26. 5. 37 III e A 24/37, RStBl. 37, 864 = JW. 37, 2616 = Kart. ErbRG. 25 § 18 R. 2 = DVR. 37, 168).

Zu 9 S. 567. Landwirtschaftliche und gewerbliche Betriebe neben und in Verbindung miteinander. Die Frage, ob ein gemischter Betrieb oder ein Doppelbetrieb vorliegt, hängt davon ab, ob die beiden Betriebszweige zwanglos getrennt werden können, ohne daß der eine oder andere Betrieb beeinflußt wird (EHG. Stuttgart 20. 10. 36 Recht Dt. J. 37, 707 Nr. 3403). Nebenbetrieb ist in der Regel auch eine Baumschule (REHG. 17. 12. 36, 2 RB. 832/34 REHGE. 3, 449 = Recht Dt. J. 37, 401 Nr. 4198 = DNotZ. 37, 512 = DVR. 37, 86). Fischereirechte in fremden Gewässern sind dem landw. Teil zuzurechnen, gleichgiltig, ob sie mit dem Eigentum am Grundbesitz verbunden sind oder dem Hofbesitzer persönlich zustehen (REHG. 10. 11. 36, 2 RB. 28/35 DNotZ. 37, 512).

Die einmal entstandene Erbhofeigenschaft eines gemischten Betriebs kann nicht dadurch verloren gehen, daß ein Nebenbetrieb in der Zukunft sich bedeutend auswächst (REG. Nürnberg 4. 11. 36 We 187/36 JW. 37, 1582: Der Bauer betreibt einen Pferdehandel, der nach dem 1. 10. 33 infolge der Ausschaltung der Juden beträchtlich gestiegen ist).

Zu 10 S. 567. Die Eintragung in die Erbhöferolle begründet die Vermutung, daß das Grundstück Erbhofeigenschaft besitzt; gleichgültig ist, ob die Erbhofeigenschaft aus Anlaß der Anlegung oder Ergänzung der Erbhöferolle oder aus Anlaß eines nach § 10 REG. beantragten Feststellungsverfahrens geprüft worden ist (§ 32 Abs. 1 und 4 EHVfO.).

Sobald die Erbhöferolle als angelegt anzusehen ist — den Zeitpunkt gibt der RJustMin. im RGBl. bekannt —, wird vermutet, daß die Grundstücke, die nicht in die Rolle eingetragen sind, die Erbhofeigenschaft nicht besitzen (§ 32 Abs. 2 und 3 EHVfO.). Die Eintragung in die Rolle begründet weiter auch die Vermutung, daß der auf dem Grundbesitz befindliche Betrieb ein land- oder forstwirtschaftlicher Betrieb i. S. des REG. ist; das gilt auch für gemischte Betriebe (LG. Halle 29. 1. 37 RdRN. 37 Nr. 53 = Recht DJ. 37, 405 Nr. 4230). Bei nach dem 22. 12. 36 entstandenen Höfen bewirkt die Eintragung, daß das Erfordernis der Schuldengrenze (§ 1 Abs. 4 EHRV.) als erfüllt gilt (s. Vogels ZAkDR. 37, 33).

Zu 11 S. 568. Nach rechtskräftiger Feststellung der Erbhofeigenschaft können die am Verfahren Beteiligten grundsätzlich ein neues Verfahren nur auf Grund neuer Tatsachen verlangen (§ 56 Abs. 1 und 2 EHVfO.). Ausnahme nach § 56 Abs. 3 EHVfO. dann, wenn ein berechtigter Grund für die nochmalige Nachprüfung vorliegt; so auch REHG. 27. 5. 37, 2 RB. 561/36 RdRN. 37 Nr. 349 = Recht DJ. 37, 887 Nr. 9065.

Für das Verhältnis von Anlegungs- und Feststellungsverfahren gilt jetzt folgendes: Für die Anschlußbefugnis, für die Beschlußformel, für die Wirkung der Eintragungen in die Rolle sowie für den Umfang der Rechtskraft der Entscheidung über die Erbhofeigenschaft oder Bauernfähigkeit macht es keinen Unterschied, ob die Entscheidung auf Einspruch im Anlegungsverfahren oder auf Antrag im Feststellungsverfahren ergangen ist (§ 32 Abs. 4, § 40 Abs. 1, §§ 55—58 EHVfO.); s. auch Vogels ZAkDR. 37, 34.

Zu 12 S. 569. Ehegattenerbhöfe. Die Erbhöfe sollen möglichst vermehrt werden. Das hat zu einer Ausdehnung der zunächst nur als Übergangslösung gedachten Zulassung von Ehegattenerbhöfen geführt. Besitzungen von Ehegatten waren bisher nur dann Erbhöfe, wenn sie am 1. 10. 33 im Miteigentum von Ehegatten oder im Gesamtgut einer ehelichen Gütergemeinschaft standen oder am 21. 12. 33 zum Teil im Alleineigentum des einen Ehegatten und zum Teil im Alleineigentum des anderen Ehegatten oder zum Teil im gemeinschaftlichen Eigentum beider Ehegatten und zum Teil im Alleineigentum eines oder jedes der Ehegatten standen. Nach § 17 Abs. 2, § 18 Abs. 2 EHRV. sind mit dem 23. 12. 1936 auch alle die Besitzungen von Ehegatten Erbhöfe geworden, die in der Zeit vom 1. 10. 33 bzw. 21. 12. 33 bis 23. 12. 36 die oben genannten Voraussetzungen erfüllt haben. Darüber hinaus können aber auch nach dem 22. 12. 1936 Besitzungen von Eheleuten bei Eintritt der gen. Voraussetzungen Erbhof werden; erforderlich ist in diesen Fällen aber auch noch, daß der Schuldenstand 70 v. H. des zuletzt festgestellten Einheitswerts der Besitzung nicht übersteigt (§ 1 EHVO.); § 17 Abs. 3 und § 18 Abs. 3 EHVO.; s. E. 10 am Ende.

Das Fehlen der Bauernfähigkeit eines der Ehegatten hindert nicht, wenn das Anerbengericht auf Antrag eines der Ehegatten oder des Kreisbauernführers zustimmt; s. § 17 Abs. 4 und § 18 Abs. 4 EHRV.; wegen des Erfordernisses der Schuldengrenze in diesen Fällen s. LEG. Celle 15. 1. 37, 4 We 272/36 JW. 37, 1583 u. ands. Vogels S. 636, 9 zu § 17 EHVO. und Johae RdRN. 37, 287.

Rechtskräftig ausgesprochene Ehescheidung berührt die Erbhofeigenschaft nicht (§ 23 EHRV.); ebenso schon bisher REHG. 2, 126 Handb. S. 570. Falls die geschiedenen Ehegatten sich nicht über die Auseinandersetzung hinsichtlich des Erbhofs einigen oder eine solche Einigung vom AEG. nicht genehmigt wird, leitet das AEG. auf Antrag eines der geschiedenen Ehegatten ein Auseinandersetzungsverfahren (§ 23 Abs. 2 EHRV., §§ 67 f. EHVfO.) ein. Das AEG. kann dabei eine Teilung des Erbhofs, insbes. zur Bildung mehrerer Erbhöfe, vorsehen. Die Auseinandersetzung ist nach billigem Ermessen möglichst so zu regeln, daß die Erbhofeigenschaft des Hofs erhalten bleibt und keine übermäßige Belastung des oder der neu entstehenden Erbhöfe eintritt (§ 70 EHVfO.). Erbhofgrundstücke gehen auf einen der geschiedenen Ehegatten mit der Rechtskraft des Auseinandersetzungsbeschlusses über; der Vors. d. AEG. ersucht Grundbuchamt um Eintragung (§ 72 EHVfO.).

Aus der Rechtsprechung: Die Vorschriften über Ehegattenerbhöfe im Mischbesitz (jetzt § 18 EHRV.) sind nicht anwendbar, wenn jeder der Ehegatten einen Erbhof hat (REHG. 13. 3. 36, 2 RB. 425/35 REHGE. 2, 42 = DVR. 36, 135). Andererseits rechtfertigt die Tatsache, daß Ehemann und Ehefrau ihren Grundbesitz einheitlich von einer Hofstelle aus bewirtschaften, noch nicht den Schluß. daß die Eheleute die beiden Besitzungen endgültig und für alle Zukunft zu einer Wirtschaftseinheit zusammenschließen wollen (REHG. 12. 3. 36, 2 RB. 425/35 Recht DJ. 36, 668 Nr. 7067 = DNotZ. 36, 625). Im übrigen genügt es zur Anwendung der Vergünstigungen, daß einer der Ehegatten ein erbhoffähiges Grundstück hat; der andere kann ein kleineres Grundstück besitzen (REHG. 17. 12. 36, 2 RB. 1899/35 Recht DJ. 37, 311 Nr. 3439).

Alles nach der Entstehung eines Ehegattenerbhofs von einem oder beiden Ehegatten erworbene Land wird ohne weiteres Bestandteil des Erbhofs, wenn es von der Hofstelle aus bewirtschaftet wird, auch wenn es als eingebrachtes Gut der Ehefrau oder als ihr Vorbehaltsgut anzusehen ist (REHG. 26. 5. 37, 3 RB. 527/35 RdRN. Nr. 348 = Recht Dt. J. 37, 867 Nr. 9059). Ehegattenerbhöfe können aber nach dem Inkrafttreten der DV. II, also nach dem 21. 12. 33 dadurch, daß zu einem bereits bestehenden Alleineigentumserbhof eines Ehegatten von dem andern Ehegatten Land hinzuerworben wird, nicht entstehen (REHG. 18. 2. 37, 2 RB. 2053/35 REHGE. 4 S. 77 = JW. 37, 2145).

Gehört eine Besitzung, die, abgesehen vom Alleineigentum, den Voraussetzungen der §§ 1—4, 6 REG. entspricht, beim Inkrafttreten des Reichserbhofgesetzes zum Gesamtgut einer fortgesetzten Gütergemeinschaft, so ist sie vom Inkrafttreten des Gesetzes ab Erbhof; jedoch müssen der überlebende Ehegatte und mindestens einer der arbeitsberechtigten Abkömmlinge bauernfähig sein (§ 24 Abs. 1 EHRV).

Wegen Siedlungsverträgen, die vor dem 1. 10. 33 mit Ehegatten abgeschlossen sind, s. § 25 EGVO.; s. auch Handb. S. 569, 12 c.

Zu 13 S. 571. Gesetzliche Anerbenfolge. Nach REHG. sind uneheliche Kinder gegenüber der Mutter ohne weiteres in der 1. und in der 4. bis 6. Ordnung des § 20 mit der Beschränkung des § 21 Abs. 5 (d. h. also unter Vortritt der ehelichen Kinder) zur Anerbenfolge berufen und können unter Beachtung des § 21 Abs. 5 gem. § 25 auch zu Anerben bestimmt werden. In der 4. Ordnung gehen aber, dem Sinn des REG. entsprechend, uneheliche Söhne der verstorbenen Tochter des Erblassers den ehelichen Halbschwestern vor; die Beschränkung gilt hier also nicht (REHG. 29. 9. 36, 3 RB. 953/35 REHGE. 3, 208 = Recht DJ. 36, 932 Nr. 9598 = DBR. 37, 37). Halbbürtige Brüder eines verstorbenen Bauern haben als Anerben grundsätzlich den Vorrang vor halbbürtigen Schwestern. Halbbürtige Geschwister behalten ihre Stellung innerhalb der Anerbenordnung auch dann, wenn sie mit dem Erblasser nicht den Elternteil gemeinsam haben, aus dessen Sippe der Erbhof herrührt (KG. 26. 8. 37 JW. 37, 2986 = RdRN. 37 Nr. 353 = Recht Dt. J. 37, 885 Nr. 9044 = DtNotZ. 38, 39).

Zu beachtendes Ältesten- oder Jüngstenrecht (§ 21 Abs. 3 REG.) muß sich in der betreffenden Gegend schon vor dem 1. 10. 33 als altes Herkommen fest herausgebildet haben (LEHG. Celle 20. 2. 36 Nr. 1138 EHRechtspr. § 37 c Nr. 93 = Recht DJ. 36, 662 Nr. 7022 = DBR. 37, 9: in 10—12 Jahren kann sich ein solches Herkommen in einer Neusiedlung noch nicht gebildet haben). Ein Erbbrauch, wonach jeweils der Jüngste aus der letzten Ehe des Hofeigentümers Anerbe wurde, kann mit Rücksicht auf das in § 21 Abs. 4 REG. festgesetzte Vorrecht der erstehelichen Söhne nicht fortbestehen (REHG. 10. 12. 36, 3 RB 408/36 REHGE. 3, 424 = JW. 37, 1580 = DNotZ. 37, 448 = DBR. 37, 104).

Hat der Ehegatte, dem der Erbhof gehört, Kinder aus mehreren Ehen, so gehen die Söhne aus erster Ehe den anderen Söhnen, die Töchter aus erster Ehe den anderen Töchtern vor. Entsprechendes gilt, wenn in einer der übrigen Ordnungen Söhne oder Töchter aus mehreren Ehen vorhanden sind (§ 7 Abs. 1—3 EHRB. in Ergänzung von § 21 Abs. 4 REG.). Einen Sohn aus seiner zweiten Ehe kann der Erblasser unter Umgehung eines Sohnes aus seiner ersten Ehe nur mit Zustimmung des AEG. zum Anerben bestimmen (§ 7 Abs. 4 EHRB.).

Zu 14 S. 571. Bestimmung des Anerben durch den Erblasser. Der Bauer kann mit Zustimmung des AEG. einen noch nicht durch Tod, Erbverzicht oder in anderer Weise weggefallenen Sohn überspringen und dessen Sohn oder Sohnessohn zum Anerben bestimmen (§ 9 Abs. 1 EHRB.). Ebenso kann ein Bruder (eine Tochter, eine Schwester) des Bauern zugunsten eines Sohnes oder Sohnessohnes des Bruders (der Tochter, der Schwester) übersprungen werden, sowie ein zur 6. Ordnung gehöriger Abkömmling des Bauern zugunsten eines Nachkommen dieses Abkömmlings (§ 9 Abs. 2 und 3 EHRB.).

Nach § 10 EHRB. kann der Bauer mit Genehmigung des RJustM. und RM. f. Ern. u. Landw. jetzt auch in einer Hofsatzung über die Anerbenfolge im Mannesstamm mit Geltung für alle künftigen Erbfälle bestimmen, daß der Hof zunächst sich ausschließlich im Mannesstamm vererbt.

Der Bauer kann den Anerben nur durch Testament oder Erbvertrag (§ 28 REG.), sondern auch durch Rechtsgeschäft unter Lebenden bestimmen, nämlich durch mündliche Erklärung zur Niederschrift vor dem Vorsitzenden des zust. AEG. oder vor einem Notar (§ 13 EHRB. und § 119 EHBfO.).

Der Bauer kann seine unehelichen Kinder nur im Rahmen des § 25 Abs. 2, d. h. also beim Fehlen ehelicher Söhne und Sohnessöhne einsetzen (REHG. 29. 9. 36, 3 RB. 953/35 REHGE. 3, 208 = Recht DJ. 36, 933 Nr. 9605 = DVR. 37, 37).

Die Entscheidung darüber, ob jemand in einem vor dem Erlaß des REG. abgefaßten Testament rechtswirksam als zum Anerben eingesetzt zu gelten hat, liegt nicht den Anerbenbehörden ob, sondern dem ordentlichen Gericht; so REHG. 21. 12. 35, 3 RB. 394/34 REHGE. 2, 35. Ein seit Jahren zum Hofnachfolger ausersehener Sohn darf nicht ordentlichen Gericht; so REHG. 21. 12. 35, 3 RB. 394/34 Bd. 2 S. 35. Ein seit Jahren zum Hofnachfolger ausersehener Sohn darf nicht ohne triftigen Grund aus rein geldlichen Interessen übergangen werden (LEHG. Celle 3. 3. 37 Nr. 122 RdRN. 37 Nr. 197 = Recht Dt. J. 37, 486 Nr. 5059).

Zu 15 S. 572. Ausschlagung, Erbverzicht, Erbschein. Wegen der Formerfordernisse für einen Erbverzicht s. auch REHG. 10. 12. 36, 3 RB. 408/36 REHGE. 3, 424 = JW. 37 Nr. 1580 = DtNotZ. 37, 448 = DVR. 37, 104. Nach RFH. kann unter Umständen auch ein nicht den Formerfordernissen von §§ 2346, 2348 BGB. entsprechender Erbverzicht genügen, um die verzichtenden oder der Übertragung zustimmenden Anerbenberechtigten als weggefallen zu behandeln (U. 11. 9. 36 II A 43/36, RFH. 40, 17 und U. 9. 4. 37 III e A 32/36 RFH. 41, 187 bei E II, 6.

Zu 16 S. 573. Versorgung der Kinder des Erblassers und Altenteil des überlebenden Ehegatten aus dem Erbhof. Die Ausstattung der anderen Abkömmlinge (§ 30 REG.) kann ausnahmsweise in Land erfolgen, aber nur aus dringenden Gründen und zur Vermeidung von Härten, z. B. wenn dem Bauer z. Zt. der Ausstattung Barmittel dazu fehlen und die Verwendung des abzutrennenden Landes zu erbhofrechtlich oder volkswirtschaftlich zu billigendem Zweck gewährleistet ist. Für eine erst in der Zukunft liegende Ausstattung darf Erbhofland nicht überlassen werden (z. B. REHG. 28. 10. 36, 3 RB. 263/35 RdRN. 36 Nr. 600 = Recht DJ. 37, 72 Nr. 829 und 73 Nr. 837: Die Freigabe vollzieht sich nur im Weg der Veräußerung nach § 37 REG.!). Das Ausstattungsland einer Tochter soll ggf. in das Eigentum des Schwiegersohns übergehen, wenn dieser einen Erbhof hat (REHG. 7. 3. 36, 3 RB. 725/34 EHRechtspr. § 37 a Nr. 83 = Recht DJ. 36, 664 Nr. 7032 = DVR. 37, 9). Die Abgabe von Land kann dabei auch dann genehmigt werden, wenn dies die Bildung eines neuen Erbhofs in der Hand der Tochter oder ihres Ehemannes gewährleistet, ohne daß dadurch die Erbhofeigenschaft des väterlichen Erbhofs gefährdet wird (REHG. 10. 12. 36, 3 RB. 1016/35 JW. 37, 1581 = RdRN. 37 Nr. 42 = Recht DJ. 37, 309 Nr. 3426 = DVR. 37, 105). Zulässig ist es, wenn ein Bauer zur künftigen Ausstattung einer minderjährigen Tochter auf deren Namen aus den Erträgnissen des Erbhofs ein Grundstück erwirbt, das zunächst vom Hof aus bewirtschaftet werden soll (KG. 11. 3. 37 RdRN. 37 Nr. 138 = Recht Dt. J. 37, 486 Nr. 5061).

Bleibt der Ausstattungsberechtigte auf dem Erbhof, so genügt es, wenn ihm ein angemessener Teil des sonst festzusetzenden Betrags zur freien Verfügung gewährt wird (REHG. 4. 5. 37, 1 RB. 2569/35 REHGE. 4, 159 = JW. 37, 2154).

Zu 17 S. 574. Anerbenrecht bei Ehegattenerbhöfen. Zu a. Die maßgebenden Vorschriften sind jetzt vereinigt in § 20 und § 22 EHRV.; sie betreffen sämtliche Arten von Ehegattenerbhöfen (Miteigentum, Mischbesitz, Siedlungshöfe). Wegen der Anerbenfolge bei Höfen im Eigentum einer fortgesetzten Gütergemeinschaft s. § 24 Abs. 2—7 EHRV.

Jeder Ehegatte kann den anderen Ehegatten zum Anerben bestimmen (§ 20 Abs. 1 EHRV.) und zwar auch durch einseit. Testament und mündliche Erklärung nach § 13 EHRV.

Ab 23. 12. 36 kann der überlebende Ehegatte, der Anerbe geworden und nicht durch ein gemeinschaftliches Testament gebunden ist, auch einseitig bestimmen, daß der Hof nach seinem Tod an eine Person fallen soll, die nach dem REG. als Anerbe eines der Ehegatten berufen wäre oder bestimmt werden könnte; § 20 Abs. 3 EHRV. und REHG. 24. 3. 37 III 386/36 REHGE. 4, 146 (150) = RdRN. 37 Nr. 251 = Recht Dt. J. 37, 672 Nr. 6774.

Die Ehefrau, die den wirtschaftlich bedeutenderen Teil des Erbhofbesitzes in die Ehe eingebracht hat und durch gemeinsames Testament nicht gebunden ist, kann mit Zustimmung des AEG. den Anerben einseitig bestimmen; erforderlich ist öffentliches Testament, zu Lebzeiten des Mannes errichtet (§ 21 EHRV.).

Zu b S. 575. Wegen des Anerbenrechts beim Vorliegen gemeinschaftlicher Verfügungen von Todes wegen aus der Zeit vor dem Eintritt der Erbhofeigenschaft s. § 50 EHRV.

Zu c. Über die Behandlung der zu einer Vorerbschaft gehörigen Erbhöfe s. §§ 51 und 52 EHRV.

Zu d. Die Möglichkeit, den Erbhof einem Anerben aus der Sippe des Ehegatten zuzuwenden, ist durch § 53 EHRV. gegenüber § 12 DVO. 1, II wesentlich erweitert.

Zu e. Wegen der Einsetzung angenommener Kinder als Anerben s. § 47 EHRV. Das nach dem 1. 10. 33 angenommene Kind muß vor der Entstehung der Erbhofeigenschaft (bisher vor dem 1. 10. 33) längere Zeit wie ein Kind im Hause des Bauern gelebt haben.

Zu 20 S. 578. Anerbengerichtlicher Genehmigung bedarf auch das nach dem 22. 12. 36 abgeschlossene Verpflichtungsgeschäft (§ 33 Abs. 1 EHRV.). Ist das Verpflichtungsgeschäft genehmigt, so gilt die Genehmigung auch für das diesem Geschäft entsprechende Erfüllungsgeschäft als erteilt (§ 33 Abs. 2 EHRV.). S. Ott StW. 38 I, 461.

Zu 21 S. 579. Erfordernis der Genehmigung in Zweifelsfällen. Der Zuschlag eines Erbhofs in der Zwangsversteigerung wegen Geldforderungen bedarf nicht der Genehmigung der Anerbenbehörde (REHG. 26. 1. 37, 2 RB. 36/35 und 496/36 REHGE. 4, 39 und 46 = RdRN. 37 Nr. 139 = Recht Dt. J. 37, 487 Nr. 5066/7: der Zuschlag ist auch nicht deshalb nichtig, weil der Hof z. Zt. des Zuschlags ein Erbhof war!), ebenso nicht Enteignungsbeschlüsse; sie erfolgen aus Gründen des Allgemeinwohls, hinter dem auch die Zwecke des REG. zurückgestellt werden müssen (KG. 23. 9. 37, 1 W x 429/37 JW. 37, 2987 = DNotZ. 38, 36).

Die Genehmigung zur Abveräußerung von Erbhofgrundstücken zwecks Schuldenabdeckung ist zu versagen, wenn es sich überwiegend um nicht fällige und nicht drückende Forderungen von Verwandten handelt und die restlichen, fremden Schulden aus dem Hof herausgewirtschaftet werden können (REHG. 26. 5. 37, 3 RB. 1166/35 RdRN. 37 Nr. 393 = Recht Dt. J. 37, 886 Nr. 9053).

Zu 22 S. 580. Verhältnis von § 37 REG. zu andern Genehmigungsvorschriften. Für Erbhöfe ist keine G. nach der Grundstücksverkehrsbekanntmachung vom 26. 1. 37 (RGBl. I S. 35) erforderlich (§ 3 Abs. 1 Ziff. 10 GrVBek.; s. E. 14/15 zu § 5 GrEG.).

Neben der anerbengerichtlichen Genehmigung ist weitere G. erforderlich:

h) Nach VO. über die Veräußerung von Entschuldungsbetrieben vom 6. 1. 37 (RGBl. I, 5) G. des REMin. (s. E. 14/15 c zu § 5 GrEG.).

i) Nach Ges. zur Sicherung der Reichsgrenze (Ostgrenze) vom 9. 3. 37 (RGBl. I, 281 und erste VO. vom 17. 8. 37 (RGBl. I, 905) G. der Verwaltungsbehörde (s. E. 14/15 d zu § 5 GrEG.).

II. Die Steuerbefreiungen

Inhaltsübersicht.

a) Grundsätzliches

1. Entwicklungsgeschichte. Die Steuerbefreiungen waren zunächst enthalten in § 55 REG. sowie in § 67 Abs. 1 und 3 DVO. I, § 24 DVO. II und § 12 DVO. III; s. Texte Handb. S. 521 f. sowie S. 583, 589 und 595. Durch § 55 REG., § 24 DVO. II und § 12 DVO. III war der Übergang bestehender Erbhöfe auf den Anerbenberechtigten begünstigt. § 67 Abs. 1 und 3 DVO. I erleichterten die Bildung von Erbhöfen. Neben diesen gesetzlichen Befreiungen waren noch weitergehende Erleichterungen im Billigkeitswege durch die Erl. des RdF. vom 22. 12. 1934 S 4430 — 109 III / S 3804 A — 14 III und vom 8. 11. 1935 S 4430 — 139 III / S 3804 A — 29 III (Handb. S. 553 und 558) auf Grund von § 13 AO. vorgesehen.

Jetzt sind die Steuerbefreiungen in § 55 REG. und in § 42 EHRV. enthalten. In § 42 EHRV. sind die bisherigen Befreiungen — und zwar nicht nur die gesetzlichen, sondern auch die vom RdF. aus Billigkeitsgründen gewährten — zusammengefaßt und zum Teil auch erweitert.

Auf alle diese Befreiungen besteht also jetzt ein Rechtsanspruch, der von den Finanzgerichten verfolgt werden kann.

Amtliche Erläuterungen zu § 42 und Billigkeitsmaßnahmen für die Übergangszeit enthält der Erl. d. RdF. vom 17. 3. 1937 S 4504 — 154 III / S 3804 A — 37 III (abgedruckt S. 65 ff.).

2. Gesetzestext. § 42 EHRV. lautet:

§ 42

Befreiung von Steuern

(1) Von der Erbschaftsteuer, Grunderwerbsteuer einschließlich der Zuschläge, der Urkundensteuer und der Steuer der Gemeinden (Gemeindeverbände) vom Zubehör (Gewerbeanschaffungsteuer) sind ausgenommen:

1. der Übergang des Erbhofs auf den Anerben im Wege der Erbfolge oder des Übergabevertrags;

2. die vom Anerbengericht gemäß § 37 des Gesetzes ausnahmsweise zugelassene Übertragung des Erbhofs auf eine nicht anerbenberechtigte Person, wenn der Vertrag seinem sachlichen Inhalt nach einem Übergabevertrag entspricht;

3. der Übergang eines Erbhofs, der im Eigentum mehrerer Personen steht, in das Alleineigentum einer bauernfähigen Person;

4. der Erwerb von Grundbesitz, wenn durch den Erwerb ein neuer Erbhof gebildet wird. Wird eine Besitzung durch den zeitlich aufeinanderfolgenden Erwerb von einzelnen Grundstücken auf eine Ackernahrung vergrößert, so gilt die Befreiung nur für den letzten Erwerb, durch den die Besitzung unmittelbar Erbhofeigenschaft erlangt;

5. der Übergang einer über hundertfünfundzwanzig Hektar großen Besitzung in das Alleineigentum einer bauernfähigen Person oder in das Eigentum eines bauernfähigen Ehepaars, wenn innerhalb von drei Monaten seit dem Übergang der im § 5 des Gesetzes vorgesehene Antrag auf Befreiung von den Erfordernissen des § 3 des Gesetzes beim Anerbengericht eingereicht wird und die Besitzung nach Genehmigung des Antrags Erbhofeigenschaft erlangt.

(2) Wenn im Falle des Absatzes 1 Nr. 5 die Voraussetzung für die Steuerbefreiung erst nach Entstehung der Steuerschuld eintritt, werden die bezeichneten Steuern auf Antrag erlassen oder erstattet; der Antrag kann nur innerhalb eines Jahres seit dem Zeitpunkt gestellt werden, in dem die Besitzung Erbhofeigenschaft erlangt hat.

3. Die von der Befreiung betroffenen Steuern. Die Befreiungen gelten für die Erbschaftsteuer, die Grunderwerbsteuer einschließlich der Zuschläge, die Urkundensteuer und die Steuer der Gemeinden (Gemeindeverbände) vom Zubehör (Gewerbeanschaffungssteuer). Die Befreiung von der Gewerbeanschaffungssteuer ist gegenstandslos. Infolge des Bestehens der Umsatzsteuer (§ 1 und 4 Ziff. 9 UmsStG.) und der Urkundensteuer (§ 1 und § 4 Abs. 1 Ziff. 6 UrkStG.) könnte die Veräußerung von Erbhofzubehör nach § 2 FAusglG. gar nicht von der Zubehörsteuer der Gemeinden oder Gemeindeverbände erfaßt werden (s. Handb. S. 595 und StW. 37 I, 1416).

Keine Befreiung ist vorgesehen z. B. für die Umsatzsteuer (s. aber auch unter 7), für die Wertzuwachssteuer und für die Börsenumsatzsteuer; s. i. einz. Ott StW. 38 I, 1405. Daher ist die bei einer Übergabe i. S. von § 37 Abs. 3 REG. erfolgende Übertragung der zum Erbhof gehörigen Anteile an einer Zuckerfabrik-GmbH. nach §§ 17 f. KapVStG. börsenumsatzsteuerpflichtig (U. 12. 11. 37 II 127/37 RFH. 42, 209 StW. 1937 Nr. 646 und I, 1406 = RStBl. 37, 1258 = JW. 38, 74 = RdRN. 38, 32 Nr. 13 = Kart. KapVStG. 34 § 18 Abs. 1 N. 5 = DVR. 37, 168).

4. Grundgedanken der Befreiungen. Nach § 55 REG. und § 42 Abs. 1 Ziff. 1 und 2 EHRV. ist der Übergang bestehender Erbhöfe auf Anerbenberechtigte und unter Umständen auch auf Nichtanerbenberechtigte im erwähnten Umfang steuerfrei. § 42 Abs. 1 Ziff. 3 begünstigt den Übergang von Ehegattenerbhöfen ins Alleineigentum einer bauernfähigen Person, § 42 Abs. 1 Ziff. 4 und 5 erleichtern die Entstehung neuer Erbhöfe. Die Steuerbefreiungen beruhen auf folgenden Grundgedanken. Wenn bestehende Erbhöfe übergehen oder Erbhöfe neugebildet werden und diese Übergänge oder Neubildungen den Zwecken des Erbhofrechts dienen, so sind das keine Verkehrsvorgänge zwischen einzelnen Volksgenossen, an die Steuern geknüpft werden könnten. Diese Vorgänge dienen vielmehr den Belangen des Volksganzen. Damit der Erbhof nicht über seine Kräfte belastet wird und seine große Aufgabe im Rahmen der Volksgesamtheit erfüllen kann, tritt der Staat um der höheren Zwecke des Erbhofrechts willen mit seinem Anspruch auf Steuer und Gebühren zurück.

5. Zeitliche Geltung. Die erweiterten Befreiungen gelten ab 23. 12. 36. In Abschn. IV des Erl. vom 17. 3. 37 (s. zu B) hat sich RdF. aber damit einverstanden erklärt, daß diese Befreiungen aus Billigkeitsgründen auch bei Steuerfällen aus der Zeit vor dem 23. 12. 36 gewährt werden, soweit die Steuer noch nicht rechtskräftig festgesetzt ist. Es handelt sich um eine Billigkeitsmaßnahme, über deren Anwendung nur die Verwaltungsbehörden und nicht die Finanzgerichte zu entscheiden haben (s. U. vom 10. 3. 38 III 133/37 S StW. 38 Juniheft m. Bespr.)

Wegen der grundsätzlichen Behandlung von Übergangsfällen s. RFH. 37, 234 Handb. S. 582 (2/3).

b) Die einzelnen Befreiungsgründe

6. Übergang eines Erbhofs auf den Anerben (§ 42 Abs. 1 Ziff 1 EHRV.). Nach § 55 REG. und § 42 Abs. 1 Ziff. 1 EHRV. ist der Übergang des Erbhofs auf den Anerben im Weg der Erbfolge oder des Übergabevertrags steuerfrei. Die Befreiung setzt also dreierlei voraus.

a) Den Übergang eines bestehenden Erbhofs (s. Handb. S. 584 und ErgBd. I, insbes. E. 6 [Fideikommißgüter], 8 [Erbhofzugehörigkeit], 10/11 [Bedeutung der Eintragung in die Erbhofrolle]).

b) Erwerb durch einen Anerben. Wie bei einem Übergang von Todes wegen, so braucht auch bei einem Übergang unter Lebenden der Erwerber nicht der beim Erbfall Nächstberechtigte zu sein. Er braucht unter Umständen überhaupt nicht zu den nach der Anerbenordnung (§ 20 REG.) gesetzlich berufenen Anerben zu gehören. Anerbe im Sinne der Befr. Vorschr. ist vielmehr auch jeder, den der Erblasser nach § 25 REG, oder nach den sonstigen Vorschriften des Erbhofrechts zum Anerben bestimmen könnte. In diesem weiteren Sinne hat die Rechtsprechung auf Grund von § 37 Abs. 3 REG. bereits den § 55 REG. ausgelegt und Verwaltungsübung und Schrifttum sind ihr gefolgt (U. 29. 6. 34 II A 215/34 RFH. 36, 256 = RStBl. 34, 947 = StW. 35 Nr. 62 und I, 151 = Kart. IV R. 1 zu § 8 GrEG. Allg. = JW. 34, 3021 = DNotZ. 35, 306 = EHRspr. § 55 Nr. 1; U. 11. 9. 36 II A 43/36 RFH. 40, 17 = RStBl. 36, 970 = StW. 36 Nr. 473 = DNotZ. 36, 891 = RdRN. 36, 1005 = Kart. GrEStG. § 8 Allg. R. IV, 4; U. 11. 9. 36 II A 37/36 RdRN. 36, 893 und U. 3. 12. 37 II A 140/37 RFH. 42, 290 = StW. 37 Nr. 645 und I, 1419 = RStBl. 38, 278 = JW. 38, 411 = RdRN. 38 S. 32 Nr. 12 = Kart. GrEStG. § 8 Allg. R. IV, 6; RdF. vom 22. 12. 34 unter I und vom 8. 11. 35 unter A.; Handb. S. 585 (6 a) und StW. 36 I, 581).

c) Entsprechend dem von Vogels (DNotZ. 36, 288) und von Ott (StW. 36 I, 581 und Handb. S. 585, 6 b) schon zu § 55 REG. vertretenen Standpunkt stellt § 42 Abs. 1 Ziff. 1 EHRV. nun auch gesetzlich klar, daß der Erbhof auf den Anerben im Wege der Erbfolge oder des Übergabevertrags übergehen muß. Übergaben bedeuten nach ihrem sachlichen Inhalt Vorwegnahme der Anerbenfolge. Das heißt, es müssen für den Übergeber und seine Ehefrau ein Altenteil und für die weichenden Erben Versorgungsleistungen nach §§ 30 und 31 REG. vereinbart sein. Nur diese Regelung entspricht dem das Erbhofrecht beherrschenden Familiengedanken. Nur solche Übergänge unter Lebenden sind erbhofrechtlich erwünscht (§ 37 Abs. 3 REG.) und daher in gleicher Weise wie die Vererbung des Erbhofs auch steuerlich begünstigt. Dagegen entfällt der Rechtfertigungsgrund für die Steuerbefreiung, wenn der Übergang des Erbhofs auf einem Kaufvertrag beruht, der nach dem Grundsatz von Leistung und Gegenleistung vereinbart ist. Kaufverträge an Anerbenberechtigte sind daher wie sonstige Grundstücksumsätze steuerpflichtig (so schon Handb. S. 585, 6); ebenso 3. 12. 37 II A 140/37 RFH. 42, 290 oben bei 2).

Beispiele steuerfreier Übergaben an Anerbenberechtigte gibt Handb. S. 585/86 (7/8). Steuerfrei ist insbes. auch die Übergabe an eine bauernfähige Person, die der Bauer mangels gesetzlicher Anerben nach § 25 Abs. 5 REG. bestimmt hat (RFH. 40, 17) oder die unter den Voraussetzungen von § 25 Abs. 5 REG. oder des § 54 EHRV. vom Reichsbauernführer oder vom RJustM. bestimmt worden ist. Nach RFH. kann unter Umständen auch ein nicht den Formerfordernissen von §§ 2346, 2348 BGB. entsprechender Erbverzicht genügen, um die verzichtenden oder der Übertragung zustimmenden Anerbenberechtigten als weggefallen zu behandeln (RFH. 40, 17; RFH. RdRN. 37, 893 und U. 9. 4. 37 III e A 32/36 RFH. 41, 187 = StW. 37 Nr. 342 = DNotZ. 37, 560 = DVR. 37, 106; s. Vogels DNotZ. 36, 284 und Ott StW. 36 I, 522 und 37 I, 689).

7. Besondere Fälle. Nach dem Sinn und Zweck von § 55 REG. und § 42 Abs. 1 Ziff. 1 EHRV. tritt Steuerfreiheit auch in folgenden Fällen ein:

a) bei der Abmeierung des Bauern nach § 15 Abs. 2 und 3 REG. und §§ 95—98 EHRV. und der Übertragung des Erbhofs auf die vom Reichsbauernführer vorgeschlagene bauernfähige Person;

b) beim Austausch eines Erbhofs auf Grund § 22 Abs. 2 und 3 REG.;

c) bei der Auswahl unter mehreren hinterlassenen Erbhöfen nach § 23 REG.

S. RdF. 17. 3. 37 II 1 Abs. 2 und Handb. S. 588/89 (10/12).

Zu b) ist auf eine gesetzliche Neuerung durch § 8 EHRV. hinzuweisen. Hat der Erblasser, dessen Anerbe ausscheidet, weil er bereits einen Erbhof hat, einen anderen Verwandten der gleichen Anerbenordnung (z. B. einen weiteren Sohn oder Bruder oder eine weitere Tochter oder Schwester) und hat weder dieser Verwandte noch dessen Ehegatte noch einer der Abkömmlinge dieses Verwandten einen Erbhof, so hat dieser Verwandte den Vorrang vor den Abkömmlingen des ausscheidenden Anerben. Ist der Verwandte gestorben oder wird er aus einem anderen Grunde nicht Anerbe, so gilt dieser Vorrang auch zugunsten seines Sohnes oder Sohnessohnes; s. i. einz. Saure, REG. S. 66. Aus der Rechtsprechung s. LEHG. Celle 23. 4. 37 Nr. 44 EHRechtspr. § 21 Abs. 3 Nr. 18 = Recht D. J. 37, 668 Nr. 6739: kein Ausscheiden nach § 22 Abs. 1, wenn der Anerbenberechtigte lediglich Miteigentümer eines Erbhofs ist.

Als vorweggenommene Anerbenfolge fällt die Übergabe eines Erbhofs an einen Anerbenberechtigten (im Gegensatz zur sonstigen Veräußerung eines Hofguts) nicht in den Rahmen der gewerblichen Tätigkeit des übergebenden Bauern und ist daher hinsichtlich des Hofzubehörs und etwaiger Maschinen und sonstiger zu einer Betriebsanlage verwendeten Vorrichtungen umsatzsteuerfrei; Erl. des RdF. vom 2. 2. 35 S 4110 — 2 III, im Handb. S. 595 und bei Vogels S. 725, 6 zu § 42 EHRV.; s. i. einz. Ott StW. 37 I, 1418.

8. Übergabe eines Erbhofs an einen Nichtanerbenberechtigten i. S. von § 42 Abs. 1 Ziff. 2 EHRV. Beim Vorliegen eines wichtigen Grundes kann das Anerbengericht in Ausnahmefällen auch die Veräußerung des Erbhofs an eine nichtanerbenberechtigte Person genehmigen, obwohl gesetzlich Anerbenberechtigte vorhanden sind (§ 37 Abs. 2 REG.). Eine solche vom Anerbengericht genehmigte Veräußerung an einen Nichtanerbenberechtigten ist nach § 42 Abs. 1 Ziff. 2 EHRV. steuerfrei, wenn der Vertrag seinem sachlichen Inhalt nach einem Übergabevertrag entspricht. Die Einbeziehung dieser Fälle in die Steuerbefreiung beruht auf der Erwägung, daß solche vom Anerbengericht nach Prüfung aller Umstände genehmigte Übertragungen an Nichtanerbenberechtigte den Übergaben an Anerbenberechtigte im Sinne von § 37 Abs. 3 und § 55 REG. im sachlichen Ergebnis sehr nahekommen (U. 9. 4. 37 III e A 32/36 RFH. 41, 187 = StW. 37 Nr. 342 = DNotZ. 37, 560 = DVR. 37, 106; Vogels S. 728, 14 zu § 42 EHRV. und Ott StW. 37, 688, DNotZ. Okt. 37, Steuersonderheft — SSH — S. 29). RFH. 41, 187 will auf Grund des weit auszulegenden § 55 REG. vom Anerbengericht genehmigte

Übergaben an Nichtanerbenberechtigte auch schon vor dem Inkrafttreten von § 42 Abs. 1 Ziff. 2 EHRV. steuerfrei lassen; so auch das noch nicht auf das Erfordernis der „Übergabe" abstellende U. 20. 2. 36 III e A 82/35 DNotZ. 36, 284 = StW. 36 I, 580. Dagegen betrachtet RdF. 17. 3. 37 II, 2 § 42 Abs. 1 Ziff. 2 als eine Erweiterung gegenüber dem bish. Recht; s. auch Handb. S. 587 (9) und DNotZ. 37, Okt. SSH. S. 29.

Zum Wesen des Übergabevertrags s. oben 6, c, ferner Handb. S. 577 (19 c) und RdF. 17. 3. 37 II, 2 Abs. 2—4.

9. Übergang von Ehegattenerbhöfen ins Alleineigentum einer bauernfähigen Person (§ 42 Abs. 1 Ziff. 3 EHRV.). Entsprechend § 67 Abs. 1 DVO. I erklärt § 42 Abs. 1 Ziff. 3 EHRV. den Übergang eines Erbhofs, der im Eigentum mehrerer steht, in das Alleineigentum einer bauernfähigen Person für steuerfrei. Ein Erbhof im Eigentum mehrerer Personen ist nur möglich bei Ehegattenerbhöfen oder bei einer fortgesetzten Gütergemeinschaft (§ 24 EHRV.). Auch in derartigen Fällen liegt es im Sinne des Erbhofrechts (§ 1 Abs. 1 Ziff. 2 REG.), daß der Erbhof in eine Hand kommt. Das Anwendungsgebiet der Befreiung hat sich gegenüber früher dadurch erweitert, daß die Voraussetzungen für die Entstehung von Ehegattenerbhöfen erleichtert worden sind (s. §§ 17 ff. EHRV. und I, E. 12).

Veräußerer des Erbhofs müssen also Ehegatten oder die Teilhaber einer fortgesetzten Gütergemeinschaft sein. Erwerber muß eine bauernfähige Person sein. Daß der andere Ehegatte oder ein Teilhaber der fortgesetzten Gütergemeinschaft erwirbt oder daß der Erwerber zu den Anerbenberechtigten des einen oder anderen Miteigentümers gehört, ist nicht erforderlich, s. die Beispiele Handb. S. 591 (5).

10. Neubildung eines Erbhofs durch Übergang einer erbhoffähigen Besitzung (§ 42 Abs. 1 Ziff. 4 EHRV.). Die Bildung neuer Erbhöfe soll nach Möglichkeit erleichtert werden. Darum war schon bisher der Übergang einer erbhoffähigen Besitzung aus der Hand einer Personenmehrheit (offene Handelsgesellschaft, Erbengemeinschaft, Miteigentum nach Bruchteilen usw.) oder einer juristischen Person ins Alleineigentum einer bauernfähigen Person nach § 67 Abs. 1 DVO. steuerfrei. Weiter hatte der RdF. durch Erl. vom 22. 12. 34 und 3. 11. 35 aus Billigkeitsgründen befreit den Übergang einer erbhoffähigen Besitzung von einem Ausländer, einem Nichtarier, einer entmündigten oder nicht ehrbaren oder wirtschaftsunfähigen Person an eine bauernfähige Person, den Übergang von ständig durch Verpachtung genutzten erbhoffähigen Höfen (§ 1 Abs. 2 REG.) in die Hände einer bauernfähigen Person zu eigener Bewirtschaftung sowie der Hinzuerwerb von Land oder Hofstelle zur Erreichung der Erbhofgröße. Alle derartigen Fälle sind jetzt in § 42 Abs. 1 Ziff. 3 EHRV. zusammengefaßt. Danach ist steuerfrei der Erwerb von Grundbesitz, wenn durch den Erwerb ein neuer Erbhof gebildet wird.

Unter die Befreiung fällt jetzt auch der Erwerb von **Ehegatten**, wenn die Besitzung unmittelbar durch den Erwerb Erbhofeigenschaft erlangt (§ 17 Abs. 3 und § 18 Abs. 3 EHRV.).

Auch auf die Befreiungen, die bisher vom RdF. im Billigkeitswege gewährt wurden, besteht jetzt ein Rechtsanspruch; s. I, 1 Abs. 2.

Sind zur Erlangung der Erbhofeigenschaft mehrere Hinzuerwerbungen erforderlich, so ist nur der letzte Erwerb steuerfrei, durch den die Besitzung unmittelbar Erbhofeigenschaft erlangt (§ 42 Abs. 1 Ziff. 2 Satz 2 EHRV.). Für die zeitlich vorausgehenden Erwerbe könnte allenfalls Befreiung nur durch besonderen Billigkeitserlaß gewährt werden. In RdRN. 1936, 754 ist ein derartiger Billigkeitserlaß eines Oberfinanzpräsidenten erwähnt.

11. Neubildung eines Erbhofs durch Übergang einer über 125 ha großen Besitzung. Nach § 42 Abs. 1 Ziff. 5 EHRV. ist der Übergang einer über 125 ha großen Besitzung in das Alleineigentum einer bauernfähigen Person oder in das Eigentum eines bauernfähigen Ehepaares steuerbegünstigt, wenn innerhalb von drei Monaten seit dem Übergang der im § 5 REG. vorgesehene Antrag auf Befreiung von den Erfordernissen des § 3 REG. beim AEG. eingereicht wird und die Besitzung nach Genehmigung des Antrags Erbhofeigenschaft erlangt. Diese Vorschrift bedeutet gegenüber § 67 Abs. 3 DVO. I und RdF. vom 22. 12. 1934 IV eine Erweiterung. Es ist nicht mehr erforderlich, daß mehrere Personen, eine juristische Person oder eine nicht bauernfähige Person Eigentümer waren. Es darf vielmehr auch eine bauernfähige Person Veräußerer sein.

Treten im Fall von § 42 Abs. 1 Ziff. 5 die Voraussetzungen für die Steuerbefreiung erst nach Entstehung der Steuerschuld ein, so werden die in § 42 Abs. 1 EHRV. bezeichneten Steuern auf Antrag erlassen oder erstattet; der Antrag muß innerhalb eines Jahres seit dem Zeitpunkt gestellt werden, in dem die Besitzung Erbhofeigenschaft erlangt (§ 42 Abs. 2 EHRV.).

Sachverzeichnis zum Ergänzungsband

Die Zahlen verweisen auf die Seiten.

GPSR Compliance

The European Union's (EU) General Product Safety Regulation (GPSR) is a set of rules that requires consumer products to be safe and our obligations to ensure this.

If you have any concerns about our products, you can contact us on ProductSafety@springernature.com

In case Publisher is established outside the EU, the EU authorized representative is:

Springer Nature Customer Service Center GmbH
Europaplatz 3
69115 Heidelberg, Germany

Batch number: 10844623

Printed by Printforce, the Netherlands